Débutez le Japonais en 5 min par jour

HARRAP'S

21, rue du Montparnasse
75283 Paris Cedex 06, France

HARRAP'S® est une marque de LAROUSSE SAS

www.harrap.com

ISBN : 978 2 81 870768 5

Direction de la publication
Carine Girac-Marinier

Direction éditoriale
Marion Vaillant

Édition
Valérie Katzaros

Rédaction
Rozenn Étienne

Conception graphique
Sophie Rivoire

Mise en page
Isabelle Harnichard

Fabrication
Rebecca Dubois

SOMMAIRE

SOMMAIRE

SOMMAIRE

La prononciation

Le japonais n'est pas une langue très difficile à prononcer. Il n'y a effectivement pas de tons, contrairement au chinois.

Vous devez cependant faire attention à certains points notamment la prononciation des « h » aspirés, des voyelles longues (**ō**, **ī**,...) par opposition aux voyelles brèves (**o**, **i**,...), des consonnes doublées (**kk** /**k**). Quant au « **r** », il se situe à mi-chemin entre le « r » et le « l ». Enfin, les voyelles « **i** » et « u » sont parfois quasiment chuchotées : « **mashita** » se prononce plutôt « **mashta** » et « **desu** » plutôt « **des** ».

La transcription utilisée dans cet ouvrage, le système de romanisation que l'on appelle le **rōmaji**, devrait vous permettre de vous faire comprendre aisément.

APPRENDRE LE JAPONAIS

Dire bonjour

« Bonjour », c'est konnichi wa. On peut ajouter o-genki desu ka? qui correspond à notre « ça va ? ». On répond tout simplement hai, genki desu, « oui, je vais bien », ou encore hai, okagesama de, formule qui permet de remercier votre interlocuteur de s'être enquis de votre santé. On peut terminer par « et vous/toi ? », soit le nom de la personne, auquel on accole san, suivi de wa?

En japonais !

Mayuko – Oribiesan, konnichi wa. O-genki desu ka?
Olivier – Hai, genki desu. Mayukosan wa?

Monsieur, Madame, Mademoiselle !

Lorsque vous vous adressez à quelqu'un, vous devez faire suivre son nom de famille de san. Ainsi, Monsieur Nakamura se dit Nakamurasan. Il en va de même pour Madame ou Mademoiselle Nakamura. Si vous parlez à des amis que vous appelez par leur prénom, il suffit d'y accoler ce même san : Kenjisan, Junkosan ....

Les salutations

Au Japon, on se salue le matin en disant ohayō gozaimasu – littéralement, « il est tôt » – ou, de façon moins informelle, ohayō. Puis en fin de matinée, on dit konnichiwa.

Vous pourrez dire aussi :

- le soir : konban wa
- En fin de soirée et avant d'aller vous coucher : oyasuminasai
- En quittant quelqu'un que vous allez revoir le lendemain : ja mata ashita

Attention à la prononciation !

Voici quelques conseils de prononciation :
Konnichi wa : le « chi » se prononce comme dans litchi, et il faut bien prononcer les deux « n ».
Desu : le u (généralement prononcé « ou » comme dans oursin) n'est pas prononcé ici ; on entend « dess ».
Hai : le h est toujours aspiré, comme dans *hello* en anglais.
Wa : ce son se prononce comme dans ouate.
Oyasuminasai : le s se prononce toujours comme dans salade et ai se prononce comme le mot « ail ».
Ashita : le i est à peine prononcé ici, on entend « ashta ».
Ja se prononce comme dans Jamel.

Se présenter

Le plus simple, c'est d'utiliser desu, « je suis » : Oribie desu, « je suis Olivier ».

Pour demander son nom à quelqu'un, on dit o-namae wa nan desu ka? « quel est ton/votre nom ? ».

En japonais !

Olivier – Konnichi wa, Oribie desu. O-namae wa nan desu ka?

Reiko – Konnichiwa, Reiko desu.

La forme desu

Desu s'emploie pour dire « je suis », « tu es », « il est », « nous sommes », etc. dans les phrases du type « je suis fatigué », « je suis français ». En revanche, on ne peut pas utiliser cette forme dans des phrases telles que « je suis dans la cuisine » ou « nous sommes au Canada ».

Un peu de politesse !

Lorsque vous vous présentez, vous ne devez pas utiliser san pour vous-même. N'oubliez pas de vous incliner lors de présentations !

Enchanté(e) !

Lorsque vous rencontrez quelqu'un pour la première fois, dites tout d'abord hajimemashite « enchanté(e) », puis indiquez votre nom et terminez en disant dōzo yoroshiku. Cette expression, difficile à traduire, signifie que vous vous en remettez à votre interlocuteur.

En japonais !

Olivier – Hajimemashite! Oribie desu. Dōzo yoroshiku.
Reiko – Hajimemashite! Reiko desu. Kochira koso dōzo yoroshiku.

Dans des situations plus formelles, au lieu de Oribie desu, il est possible de dire Oribie to mōshimasu, et, au lieu de dōzo yoroshiku, yoroshiku onegai shimasu.

Voyelles courtes / Voyelles longues

Si vous voyez un petit trait au-dessus de a ou o par exemple (ā ou ō), cela signifie que la voyelle est longue. Vous devez donc prononcer le son plus longtemps.

3 JE SUIS FRANÇAIS(E).

La forme desu permet aussi de dire de quelle nationalité l'on est.

Je suis français(e)

Pour indiquer la nationalité, on ajoute jin au nom de pays. Par exemple, on dira furansujin pour « français ». Qu'il s'agisse d'un homme ou d'une femme, il n'y a pas de différence, on dit furansujin desu, « je suis français(e) ». Pas de forme différente pour le pluriel non plus !

En japonais !

Olivier – Furansujin desu. Mayukosan wa?
Mayuko – Nihonjin desu.

Les nationalités/ kokuseki

- doitsujin ...... allemand(e)
- amerikajin .... américain(e)
- igirisujin ...... anglais(e)
- berugijin ...... belge
- chūgokujin.... chinois(e)
- kankokujin .... coréen(ne)
- supeinjin...... espagnol(e)
- itariajin ...... italien(ne)
- nihonjin...... japonais(e)
- porutogarujin portugais(e)
- suisujin ...... suisse
- betonamujin . vietnamien(ne)

Je suis de Paris

Si l'on vous demande doko kara kimashita ka? c'est que votre interlocuteur veut savoir d'où vous venez. Doko kara veut dire « d'où » (où + de) et kimashita est la forme au passé de kuru, « venir ». La question signifie littéralement « d'où es-tu venu ? ». Pour demander une précision concernant le lieu d'origine, on peut formuler ainsi la question : « le pays suivi de no doko kara kimashita ka », soit « d'où dans ce pays es-tu venu ? ».

En japonais !

Reiko – Oribiesan, doko kara kimashita ka?
Olivier – Furansu kara kimashita.
Reiko – Furansu no doko kara kimashita ka?
Olivier – Pari kara.

Une question...

En japonais, c'est très facile de poser une question. Il suffit d'ajouter la particule interrogative ka à la fin de la phrase. Suisujin desu. « Je suis suisse. » Suisujin desu ka? « Êtes-vous suisse ? »

Si l'on vous demande nihongo o hanasemasu ka?, c'est que l'on veut savoir si vous savez parler japonais. Pour être moins abrupt, on peut ajouter sumimasen ou encore chotto (« un peu ») sumimasen, « excusez-moi ». Le o après nihongo indique que nihongo est le complément d'objet direct de la phrase.

En japonais !

Reiko – Oribie, kochira wa Tanaka sensei desu.
Olivier – Hajimemashite! Dōzo yoroshiku.
Tanaka sensei – Hajimemashite! Kochira koso dōzo yoroshiku. Chotto sumimasen, nihongo o hanasemasu ka?

Les langues/gengo

Pour former un nom de langue, on ajoute go au nom du pays. Nihongo signifie « japonais », furansugo, « français », supeingo, « espagnol ». En revanche, pour « anglais », on dit eigo.

Présenter quelqu'un !

Pour présenter quelqu'un, vous pouvez dire kochira wa suivi de son nom et de desu : kochira wa Tanaka sensei desu, « c'est le professeur Tanaka ». Vous pouvez aussi dire le nom de la personne suivi de o shōkai shimasu : Tanaka sensei o shōkai shimasu, « Je vous présente le professeur Tanaka ».

Je ne parle pas bien japonais

Pour dire que l'on ne parle :

- pas du tout le japonais, on dit :
  Nihongo ga zenzen hanasemasen.
- pas bien le japonais :
  Nihongo ga amari hanasemasen.
- un peu le japonais :
  Nihongo o sukoshi hanasemasu.

Zenzen veut dire « pas du tout », amari signifie « pas beaucoup » et sukoshi a le sens de « un peu ». Hanasemasu signifie « je sais parler » et hanasemasen « je ne sais pas parler », du verbe hanasu « parler ».

Parler comme un Japonais !

À la différence du français, on n'emploie les pronoms personnels sujets que pour insister sur la personne ou si la situation n'est pas très claire.

watashi (je)	watashitachi (nous)
anata (tu)	anatatachi (vous)
kare (il) / kanojo (elle)	karetachi (ils) / kanojotachi (elles)

Attention, anata a parfois le sens de « chéri » !

5 QUEL EST VOTRE MÉTIER ?

Les métiers

Pour dire quel métier ou quelle activité professionnelle vous exercez, vous utiliserez à nouveau la tournure desu : injinia desu « je suis ingénieur(e) ».

En japonais !

Tanaka sensei – Oribiesan, o-shigoto wa nan desu ka?
Olivier – Eigo no sensei desu.
Reiko – Kochira wa Marisan desu, Oribie no musume desu.

Les métiers/shigoto

- sensei .... un(e) professeur(e)
- kankoshi/kangofu .... un(e) infirmier(-ère)
- ha.isha .... un(e) dentiste
- kenkyusha .... un(e) chercheur(-euse)
- hanbai.in .... un(e) vendeur(-euse)
- uētā/ uētoresu .... un(e) serveur(-euse)
- kashu .... un(e) chanteur(-euse)
- keisatsukan .... un(e) policier(-ère)
- hisho .... un(e) secrétaire
- bengoshi .... un(e) avocat(e)
- shashinka .... un(e) photographe
- shuriko .... un(e) garagiste
- kisha .... un(e) journaliste
- isha .... un(e) médecin
- injinia .... un(e) ingénieur(e)
- haiyu .... un(e) acteur(-trice)
- kenchikuka .... un(e) architecte
- geijutsuka .... un(e) artiste

Les études

Pour indiquer ce que l'on fait comme études, on dit : ... o benkyō shimasu. Benkyō, qui signifie « études », + shimasu, qui signifie « faire », c'est « étudier ». « J'étudie la médecine » ou « je fais médecine » se dit igaku o benkyō shimasu.

Les matières/kamoku

- sūgaku .... les mathématiques / les maths
- bungaku.................. la littérature
- butsurigaku.............. la physique
- kagaku .... la chimie
- rekishi.................. l'histoire
- chirigaku .... la géographie
- shizen kagaku .... les sciences de la vie et de la terre
- tetsugaku................ la philosophie
- keizai................... l'économie
- hōritsu.................. le droit
- kenchiku .... l'architecture
- igaku.................... la médecine
- seibutsugaku .... la biologie
- chigaku.................. la géologie
- keizaigaku............... l'économie
- shakai kagaku .... les sciences sociales
- shakaigaku .... la sociologie
- jinruigaku............... l'anthropologie
- shinrigaku .... la psychologie

La famille

En japonais !

Reiko – Kochira wa Marisan desu, Oribie no musume desu.

Tanaka sensei – Hajimemashite Dōzo yoroshiku. Kochira wa watashi no musuko Tadao desu.

La famille/kazoku

Les Japonais font une différence entre leur cercle familial et la famille d'autrui. Il y a donc un vocabulaire spécifique pour les deux cas de figure. Si vous parlez de votre père à vos amis, vous direz chichi, mais si vous parlez du père de l'un de vos amis, vous utiliserez un terme plus respectueux : otōsan.

- otōsan/chichi .... le père
- okāsan/haha............ la mère
- ryōshin .... les parents
- musuko .... le fils
- musume................ la fille
- kodomo .... les enfants
- onīsan/ani .... le frère aîné
- onēsan/ ane .... la sœur aînée
- otōto-san/otōto.......... le frère cadet
- imōto-san/imōto......... la sœur cadette

La possession

Pour indiquer l'appartenance ou la possession, on utilise le pronom personnel auquel on ajoute no : kanojo no musuko, « son fils (à elle) ». On peut procéder de même avec un nom propre ou commun : Katayamasan no musume, « la fille de M. ou Mme Katayama », sensei no musume, « la fille du professeur ».

- watashi no .... mon/ma/mes
- anata no................ ton/ta/tes
- kare no................. son/sa/ses à lui
- kanojo no............... son/sa/ses à elle
- watashitachi no .... notre/nos
- anatatachi no .... votre/vos
- karetachi no .... leur/leurs à eux
- kanojotachi no .... leur/leurs à elles

Le nom de famille

En japonais, le nom de famille, en général composé de deux caractères, précède toujours le prénom. Ainsi, pour parler du réalisateur Hayao Miyazaki, vous direz Miyazaki Hayao.

TESTEZ VOS CONNAISSANCES

Cochez la ou les bonne(s) réponse(s).

1. Pour dire « bonjour » le matin, on dit :

❑ Konnichiwa ❑ Ohayō gozaimasu ❑ Oyasuminasai

2. Pour vous présenter, vous pouvez dire :

❑ Votre nom + desu
❑ Votre nom + genki desu
❑ Votre nom + to mōshimasu

3. O-name wa nan desuka signifie :

❑ Comment vous appelez-vous ?
❑ Comment t'appelles-tu ?
❑ Je m'appelle...

4. Pour demander son nom à quelqu'un, on dit :

❑ O-namae wa nan desu ka ?
❑ O-shigoto wa nan desu ka ?
❑ Nani o benkyō shimasu ka ?

5. Comment traduit-on zenzen ?

❑ un peu ❑ pas du tout ❑ pas beaucoup

6. Pour présenter madame Nakamura, on peut dire :

❑ Kochira wa Nakamurasan desu.
❑ Nakamura san o shōkaishimasu.
❑ Nakamura san wa Pari kara kimashita.

TESTEZ VOS CONNAISSANCES

7. Comment dit-on « excusez-moi » ?

❑ Hanasemasen

❑ Sumimasen

❑ Zenzen

8. Nihongo o sukoshi hanasemasu signifie « je parle un peu japonais »

❑ Vrai ❑ Faux

9. Doitsugo o zenzen hanasemasen signifie « je ne parle pas du tout anglais »

❑ Vrai ❑ Faux

10. Eigo o amari hanasemasen signifie « je ne parle pas beaucoup anglais »

❑ Vrai ❑ Faux

11. Barack Obamasan wa nihonjin desu.

❑ Vrai ❑ Faux

12. Kusama Yayoisan wa nihonjin desu.

❑ Vrai ❑ Faux

13. Louis Garrelsan wa furansujin desu

❑ Vrai ❑ Faux

14. Pedro Almodovarsan wa itariajin desu.

❑ Vrai ❑ Faux

15. Tadao Andosan wa kenchikuka desu.

❑ Vrai ❑ Faux

TESTEZ VOS CONNAISSANCES

16. Madonnasan wa kashu desu.

❑ Vrai ❑ Faux

17. Leonardo Di Capriosan shashinka desu.

❑ Vrai ❑ Faux

18. Complétez la liste ci-dessous à l'aide des éléments proposés dans le cadre.

sūgaku / shinrigaku / keizaigaku / igaku / bungaku /
rekishi / tetsugaku
hōritsu / kenchiku/ shakaigaku

- .... les mathématiques / les maths
- .... la littérature
- .... l'histoire
- .... la philosophie
- .... le droit
- .... l'architecture
- .... la médecine
- .... l'économie
- .... la sociologie
- .... la psychologie

19. Complétez les phrases suivantes à l'aide de l'arbre généalogique.

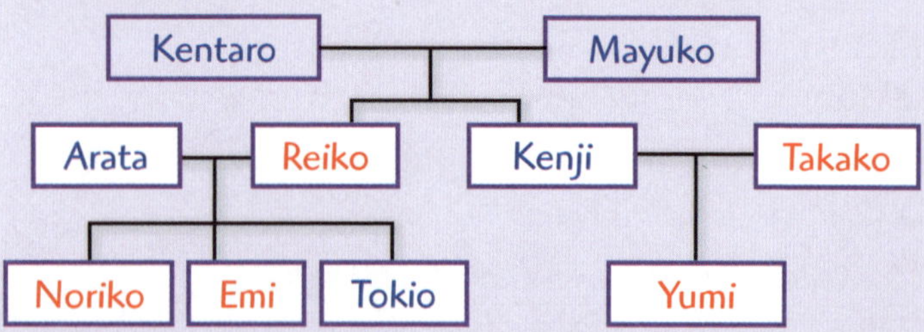

TESTEZ VOS CONNAISSANCES

Noriko san wa Emisan no .... desu.
Tokio san no .... wa Mayuko-san desu.
Kenji san no .... wa Mayukosan desu.
Arata san no musuko wa..desu.
Emi san no itōtosan no namae wa .... desu.

C'est à vous !

Nicolas rencontre Takako. Complétez la discussion.
Nicolas : Hajimemashite! Nikora desu. ....
Takako : ....! Takako desu. ....
....
Elle lui demande s'il parle japonais :
Chotto .... Nihongo o ....
Nicolas dit qu'il parle un peu japonais.
Nicolas : Hai, ... nihongo o ....
....
Takako lui demande alors d'où il vient.
Takako : Aa, sō desu ka. ....
kimashitaka.
Nicolas répond qu'il est français. Il précise qu'il vient de Lyon et ajoute qu'il est ingénieur.
Nicolas : .... desu. Lyon ....
....

L'âge

Pour demander son âge à quelqu'un, on pose la question nansai desu ka? ou, de façon plus polie, o-ikutsu desu ka? Desu s'utilise ainsi aussi pour l'âge. On répond ...sai desu ; c'est comme si l'on disait « je suis âgé(e) de... ».

En japonais !

Tanaka sensei – Marisan, nansai desu ka?
Marie – Jū-nisai desu.

Des âges particuliers

Après les cérémonies au temple pour les enfants de 3 ans, 5 ans et 7 ans, un autre âge est extrêmement important : 20 ans (hatachi). C'est le passage à l'âge adulte. Cette cérémonie, qui s'appelle seijinshiki, a lieu le deuxième lundi de janvier. Les jeunes Japonais revêtent alors de somptueux kimonos ou des costumes occidentaux. 20 ans, c'est l'âge légal pour consommer de l'alcool, acheter des cigarettes, jouer à des jeux d'argent ...et payer des impôts ! Depuis 2015, c'est aussi l'âge à partir duquel les Japonais peuvent voter.

Les nombres

Les nombres cardinaux servent à compter :

- zero . . . . (0)
- ichi . . . . (1)
- ni . . . . (2)
- san. . . . . (3)
- shi/yon . . . . (4)
- go. . . . . (5)
- roku . . . . (6)
- shichi/nana . . . . . (7)
- hachi . . . . (8)
- ku/kyū. . . . . (9)
- jū . . . . (10)
- jū-ichi . . . . (11)
- jū-ni . . . . (12)
- jū-san . . . . (13)
- jū-shi/jū-yon . . . . (14)
- jū-go . . . . (15)
- jū-roku . . . . (16)
- jū-shichi/ jū-nana (17)
- jū-hachi . . . . (18)
- jū-ku/ jū-kyū . . . . (19)
- ni-jū . . . . (20)
- ni-jū-ichi . . . . (21)
- san-jū . . . . (30)
- san-jū-ichi . . . . . . (31)
- yon-jū . . . . (40)
- yon-jū-ichi . . . . . . (41)
- go-jū . . . . (50)
- roku-jū . . . . (60)
- nana-jū. . . . . (70)
- hachi-jū . . . . (80)
- kyū-jū . . . . (90)
- hyaku . . . . (100)
- ni-hyaku. . . . . (200)
- sen. . . . . (1000)
- man . . . . (10 000)

Attention à une unité qui n'existe pas en français : ichi man =10 000. Ainsi jūman signifie 100 000. Pour dire un million, on dit hyaku man, c'est-à-dire 100 x 10 000. Attention : 300 se dit sanbyaku, 600 roppyaku et 800 happyaku.

Décrire quelqu'un

En japonais !

Olivier – Akikosan wa se ga takai desu ka?
Mayuko – Īe. Akikosan wa se ga hikui desu.

En japonais, pour parler de la taille d'une personne, on n'utilise pas directement « grand » ou « petit » mais on énonce son nom suivi de wa se ga takai desu, littéralement, « en ce qui concerne X, la taille est grande ». Pour dire que quelqu'un est petit, c'est se ga hikui desu. Il en est de même pour les cheveux : Junkosan wa kami ga mijikai desu, « Junko a les cheveux (kami) courts (mijikai) ». Le contraire de mijikai est nagai. Īe veut dire « non ».

Plus ?

Pour exprimer la supériorité et dire que X est plus grand / petit / mince, etc. que Y, on dit X wa Y yori grand / petit / mince desu.
Kenji wa Taro yori se ga takai desu. Kenji est plus grand que Taro.

L'aspect/yōsu

- wakai.................. jeune
- toshitotta .... vieux, vieille
- kami ga kuro............ brun(e)
- kami ga chairo.......... châtain
- kinpatsu .... blond(e)
- akage .... roux, rousse
- hageta .... chauve
- se ga takai .... grand(e)
- se ga hikui.............. petit(e)
- hosoi................... mince
- futotta.................. gros(se)
- kirei .... beau, belle
- busaiku................. moche

Le caractère/seikaku

- uchiki.................. timide
- omoshiroi............... amusant(e), intéressant(e)
- shinsetsu............... sympathique
- oshaberi no............. bavard(e)
- shizuka................. calme
- atama ga ī............... futé(e)
- kimae no yoi............ généreux(-euse)
- wagamama .... égoïste, capricieux(-euse)

La maison

En japonais !

Olivier – O-jama shimasu.
Reiko – Dōzo, o-hairi kudasai.

Chez des Japonais

Lorsque l'on est invité chez des Japonais, il est coutume de dire en entrant o-jama shimasu, littéralement « je vous dérange ». Vos amis vous inviteront à entrer par un o-hairi kudasai. Afin de ne pas faire de faux pas, déchaussez-vous et laissez vos chaussures pointées vers l'extérieur dans le vestibule. Ôtez aussi votre manteau.

La maison/uchi

Les pièces/heya

- genkan .... entrée
- ima...................... salon
- dainingu rūmu .... salle à manger
- daidokoro................ cuisine
- shinshitsu .... chambre
- furoba................... salle de bains

Quel étage ?

En japonais, c'est comme en anglais, le rez-de-chaussée est le premier étage : ikkai, le premier se dit nikai, etc. Pour le sous-sol, on dit chika : premier sous-sol chika ikkai 地下一階 , deuxième sous-sol chika nikai.

Pour aller plus loin

- erebētā .... ascenseur
- kabe .... mur
- yuka.................... plancher
- tenjō .... plafond
- yane .... toit
- kaidan.................. escalier
- doa .... porte
- rōka..................... couloir
- mado.................... fenêtre
- barukonī................ balcon
- terasu .... terrasse
- niwa..................... jardin
- odoriba .... palier

Les meubles/kagu

- sofā .... canapé
- hijikake isu .... fauteuil
- isu .... chaise
- tēburu .... table
- desuku .... bureau
- tana .... étagère
- beddo .... lit
- oshi ire .... placard (traditionnel)
- jūtan .... tapis
- dentō.................... lampe

寝室
shinshitsu
chambre à coucher

ダイニングルーム
dainingu rūmu
salle de séjour

風呂場
furoba
salle de bains

台所
daidokoro
cuisine

トイレ
toire
toilettes

廊下
rōka
couloir

居間
ima
salon

付箋
fusen
post-it

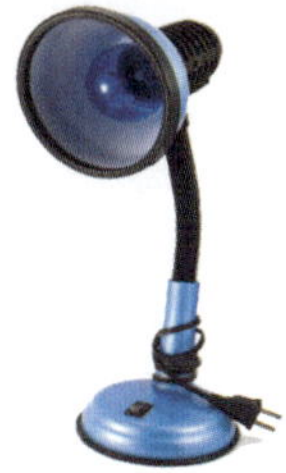

キーボード
kībōdō
clavier

卓上スタンド
takujō sutando
lampe

マウス
mausu
souris

本
hon
livre

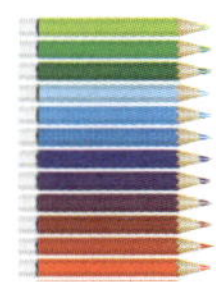

蛍光ペン
keikō pen
surligneur

色鉛筆
iro enpitsu
crayon

消しゴム
keshigomu
gomme

日記帳
nikkichō
agenda

ペン
pen
stylo

目覚まし時計
mezamashi dokei
réveil

眼鏡
megane
lunettes

ノート
nōto
cahier

鼠
nezumi
souris

かえる
kaeru
grenouille

牛
ushi
vache

猫
neko
chat

雌鳥
mendori
poule

ひよこ
hiyoko
poussin

オウム
ōmu
perroquet

蜘蛛
kumo
araignée

羊
hitsuji
mouton

蜂
hachi
abeille

犬
inu
chien

金魚
kingyo
poisson rouge

蛇
hebi
serpent

馬
uma
cheval

シマウマ
shima uma
zèbre

イルカ
iruka
dauphin

蝶
chō
papillon

鯨
kujira
baleine

ハエ
hae
mouche

蚊
ka
moustique

ライオン
raion
lion

蜻蛉
tonbo
libellule

テントウムシ
tentō mushi
coccinelle

キツネ
kitsune
renard

虎
tora
tigre

豚
buta
cochon

S'il vous plaît / S'il te plaît

En japonais !

Reiko – Nanika nomitai desu ka?
Olivier – Hai, kōhī o kudasai.

Nanika signifie « quelque chose ». La forme en -tai permet d'exprimer un souhait. Ici, nomitai veut dire « tu veux boire ». Si vous voulez demander quelque chose (un objet), vous pouvez utiliser soit o kudasai : kōhī o kudasai, « un café, s'il vous plaît », soit la forme plus polie o o-negaishimasu. Le premier o indique que ce qui précède est le complément d'objet direct de la phrase. Le o de o-negaishimasu, quant à lui, est un préfixe honorifique.

Les mots étrangers

Le japonais emprunte beaucoup de mots étrangers, lesquels subissent cependant quelques modifications phoniques ! La langue d'emprunt est principalement l'anglais. Ici *coffee* est devenu kōhī. Ces emprunts sont écrits en katakana. Le lait se dit miruku.

Merci

« Merci » est un mot très utile à connaître ! Vous pouvez bien sûr dire arigatō mais aussi dōmo arigatō, dōmo arigatō gozaimasu ou encore dōmo arigatō gozaimashita, des variantes pour « merci beaucoup ». Vous n'avez que l'embarras du choix !

En japonais !

Reiko – Kōhī o dōzo.
Olivier – Arigatō gozaimashita.

Voici / Je vous en prie

Pour dire « voici », on emploie dōzo : kōhī o dōzo « voici votre café ». Si vous laissez passer quelqu'un devant vous, dites aussi dōzo, soit « je vous en prie ». De même, si vous voulez inviter quelqu'un à s'asseoir, dites : dōzo suwatte kudasai (prononcez bien le double « t »).

Que veut dire dō itashimashite ?

S'il est utile de savoir dire merci, il est tout aussi important de pouvoir répondre « je vous en prie » ou « de rien », dō itashimashite.

J'aime…

Pour dire que l'on aime quelque chose, il faut employer la tournure suivante : … suki desu. On indique la chose que l'on aime, on ajoute ga et on termine par suki desu.

Sushi ga suki desu. J'aime les sushis.

En japonais !

Reiko – Tōkyō ga suki desu ka?
Olivier – Hai, Tōkyō ga totemo suki desu.
Reiko – Kyōto mo?
Olivier – Hai, Kyōto mo dai suki desu.

Mo veut dire « aussi » et totemo signifie « beaucoup ». On peut également dire … ga daisuki desu pour indiquer que l'on adore quelque chose. Hai signifie « oui ».

Un peu, beaucoup, à la folie... pas du tout

Pour dire que l'on n'aime pas du tout quelque chose, on peut utiliser la tournure .... ga kirai desu. Mais attention, cela n'est pas très poli ! Il vaut mieux utiliser suki desu à la forme négative, soit suki dewa arimasen et ajouter amari, ce qui donne « je n'aime pas beaucoup ». « Je n'aime pas beaucoup le nattō », nattō ga amari suki dewa arimasen.

L'écriture japonaise

Les mots d'origine étrangère sont transcrits en **katakana**, un syllabaire de 46 syllabes de base au tracé assez anguleux. コーヒー, kōhī, *coffee*, café.
Les mots grammaticaux comme le を o marqueur de cod et les terminaisons verbales sont transcrits en **hiragana**, un syllabaire avec les mêmes 46 syllabes de base que les katakana, au tracé plus souple. Enfin, les **kanji** permettent de transcrire la plupart des termes – 日本 nihon, Japon – et les racines des verbes – 飲(む) no(mu), qui veut dire « boire ».

TESTEZ VOS CONNAISSANCES

Cochez la ou les bonne(s) réponse(s).

1. Laquelle de ces formules est la plus polie ?

❏ Nansai desu ka? ❏ O-ikutsu desu ka?

2. Comment dit-on :

- J'ai 30 ans.

❏ Sansai desu. ❏ Sanjūsai desu. ❏ Nijūgosai desu.

- J'ai 25 ans.

❏ Jūgosai desu. ❏ Sanjūgosai desu. ❏ Nijūgosai desu.

- J'ai 20 ans.

❏ Hatachi desu. ❏ Hassai desu. ❏ Jūnisai desu.

3. À quel âge a lieu la cérémonie de passage à l'âge adulte qui s'appelle seijinshiki ?

❏ 18 ans ❏ 20 ans ❏ 21 ans

4. Effectuez l'opération et choisissez la bonne transcription.

13+14 ❏ nijūnana ❏ nijūroku ❏ nijūhachi

100+150 ❏ hyaku gojū ❏ nihyaku gojū ❏ sanbyaku gojū

18 000+ 2 000 ❏ niman ❏ ni hyaku ❏ nisen

5. Pour demander du café, laquelle de ces formules est la plus polie ?

❏ Kōhī o kudasai. ❏ Kōhī o onegaishimasu.

TESTEZ VOS CONNAISSANCES

6. Pour dire merci, on dit :

☐ arigatō
☐ ohayō
☐ dōzo

7. Laquelle de ces séquences va de ce que l'on aime le moins à ce qu'on aime le plus ?

☐ kirai desu -> suki desu -> amari suki dewa arimasen -> dai suki desu

☐ kirai desu -> amari suki dewa arimasen -> suki desu -> dai suki desu

☐ dai suki desu -> suki desu ->amari suki dewa arimasen -> skirai desu

8. Vous êtes invité chez des amis japonais. En entrant, vous dites :

☐ O-jama shimasu.
☐ O-hairi kudasai.

9. Vos amis habitent au 3e étage. Dans l'ascenseur, sur quel bouton appuyez-vous ?

☐ yonkai
☐ sankai/ sangai
☐ nikai

TESTEZ VOS CONNAISSANCES

10. Ces amis ont des animaux domestiques. Lesquels risquez-vous de voir ?

❏ inu, neko, ka ❏ inu, neko, kingyo ❏ buta, tora, inu

11. Associez les éléments suivants aux pièces qui correspondent

- Sofā

❏ daidokoro ❏ ima ❏ toire

- Mezamashi dokei

❏ daidokoro ❏ ima ❏ shinshitsu

12. L'erebētā est en panne. Vous empruntez le :

❏ kabe
❏ kaidan
❏ yane

13. Si on vous remercie en disant dōmo arigatō gozaimashita, vous pouvez répondre :

❏ dōmo arigatō
❏ dōzo
❏ dō itashimashite

14. Qui est le plus sympathique ?
Kenjisan wa Tarosan yori shinsetsu desu.

❏ Kenji
❏ Taro

TESTEZ VOS CONNAISSANCES

15. Quelle solution correspond à la phrase ci-dessous ?
Hanakosan wa Kumikosan yori se ga hikui desu.

- ❑ Hanako : 1m 68 - Kumiko : 1m 72
- ❑ Hanako : 1m 68 - Kumiko : 1m 65

16. De qui s'agit-il ? Kanojo wa wakai desu. Se ga takai desu. Kami ga mijikai desu.

- ❑ Erika : 22 ans. 1m80. Cheveux longs.
- ❑ Kenzo : 22 ans. 1m80. Cheveux courts.
- ❑ Kyoko : 22 ans. 1m80. Cheveux courts.

C'est à vous !

Au café. La serveuse demande à Marie si elle veut boire quelque chose.

Serveuse : .... desu ka?

Jeanne répond qu'elle voudrait du thé.

Jeanne : Hai, ocha o ....

La serveuse apporte le thé.

Serveuse : ....

Jeanne remercie.

Jeanne : ....,

Elle ajoute ensuite qu'elle adore le thé.

Jeanne : ....

Elle termine en disant qu'elle adore aussi le café.

Jeanne : ....

Les loisirs

En japonais !

Mayuko – Hima na toki nani o shimasu ka?
Reiko – Ongaku o kiku no ga suki desu.
Mayuko – Sō desu ka. Watashi wa ryōri o suru koto ga suki desu.

Ongaku o kiku, c'est « écouter de la musique » et ryōri o suru, « cuisiner ». Devant suki, il faut une forme nominale. Ci-dessus, no et koto (chose) permettent de nominaliser les formes verbales. Sō desu ka signifie « ah bon ! ». C'est une expression très utile qui permet de dire à votre interlocuteur que vous l'écoutez !

Le verbe shimasu (faire)

La forme verbale shimasu est très utile. Elle permet de former des verbes à partir de noms, comme benkyō + shimasu : « études » + « faire » = étudier. Shimasu s'emploie à toutes les personnes. Shimasen est la forme négative.

Se divertir

Se divertir/tanoshimu

- asobu .... s'amuser, se distraire
- yomu................... lire
- e o kaku............... dessiner
- nichiyōdaiku o suru ..... faire du bricolage
- bideo gēmu de asobu ... jouer à des jeux vidéo
- ongaku o tashinamu .... jouer de la musique
- chesu o suru............ jouer aux échecs
- toranpu o suru .... jouer aux cartes
- ryōri o suru .... cuisiner
- odoru................... danser
- uta o utau .... chanter

Faire du sport

Faire du sport/supōtsu o suru

- suru.................... jouer (au foot, au basket)
- hashiru .... courir
- tobiagaru .... sauter
- nageru .... lancer
- oyogu .... nager
- sukī o suru.............. skier
- sukēto o suru........... patiner
- jōba o suru .... faire de l'équitation
- jogingu o suru .... faire du jogging
- renshū suru............. s'entraîner

弓道
kyūdō
tir à l'arc

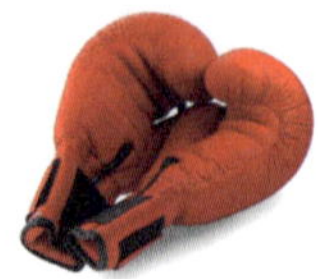

バスケットボール
basuketto bōru
basketball

柔術
jujutsu
jujitsu

ボクシング
bokushingu
boxe

剣道
kendō
kendo

体操
taisō
gymnastique

柔道
jūdō
judo

スキー
sukī
ski

合気道
aikidō
aïkido

サーフィン(ボード)
sāfin bōdo
planche de surf

空手
karate
karaté

武芸
bugei
arts martiaux

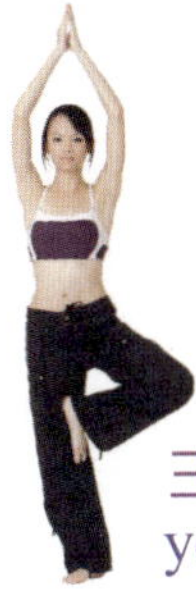

絵を描く
e o kaku
dessiner

生け花
ikebana
ikebana

ヨガ
yoga
yoga

旅行をする
ryokō o suru
voyager

折り紙
origami
origami

友達とチャットする
tomodachi to chatto suru
chatter avec des amis

茶道
sadō
cérémonie du thé

魚を釣る
sakana o tsuru
pêcher

トランプをする
toranpu o suru
jouer aux cartes

書道
shodō
calligraphie

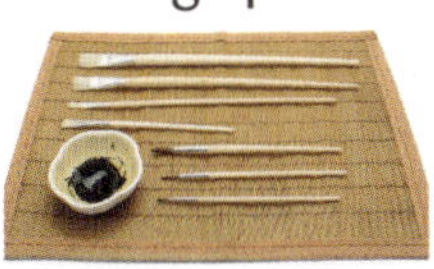

園芸
engei
jardinage

ジョギングをする
jogingu o suru
faire du jogging

Être connecté !

En japonais !

Olivier – Muryō no WIFI wa arimasu ka?
Serveuse – Hai, arimasu. Pasuwādo wa Tokyo2020 desu.
Olivier – Dōmo arigatō gozaimashita.

Muryō signifie « gratuit ». Après un petit passage par l'anglais, pasuwādo ne devrait pas poser de problème ! pasuwādo signifie *password*, c'est-à-dire « mot de passe ».

Il y a…

Quand on veut dire « il y a… », il faut d'abord savoir si on parle d'objets inanimés ou pas. Si l'on parle d'objets, on dira … ga arimasu : Wifi ga arimasu. « Il y a du wifi. » S'il s'agit d'éléments animés (humains ou non humains) on dira X ga imasu. : Hito ga ippai imasu. « Il y a beaucoup de monde. »

Surfer sur Internet/sāfin suru

- pasokon パソコン .... ordinateur
- nōto pasokonノートパソコン .... ordinateur portable
- intānetto ni setsuzoku suru
  インターネットに接続する .... se connecter à Internet
- rogu auto suru ログアウトスル .... se déconnecter
- atto māku アットマーク .... arobase
- mēru o chekku suru
  メールをチェックする................. vérifier ses e-mails
- mēru o okuru メールを送る .... envoyer un e-mail
- insatsu suru 印刷する .... imprimer
- hādo disuku doraibu
  ハードディスクドライブ .... disque dur
- yūesubī memori USBメモリ.............. clé USB
- webu saito ウェブサイト................ site Web
- wai fai ワイファイ .... Wi-Fi
- tenpu fairu 添付ファイル .... fichier joint
- daunrōdo suru ダウンロードする ...... télécharger
- yūzā nēmu ユーザーネーム .... nom d'utilisateur
- mēru adoresu メールアドレス .... adresse mail
- dotto ドット .... point
- pasuwādo パスワード..................... mot de passe
- tsuīto suru ツイートする .... tweeter
- forōsuru フォローする.................... suivre
- chatto suru チャットする................. chatter

Où est... ?

En japonais !

Olivier – Toire wa doko desu ka?
Serveuse – Massugu itte. Nikai desu.

Doko veut dire « où ». Pour demander « où est », « où se trouve », on utilise la formule doko desu ka? ou doko ni arimasu ka?

Massugu signifie « tout droit » et itte « allez ».

La forme en -te

La forme verbale en -te est une forme que vous allez rencontrer très souvent. Elle permet de former un impératif. Dans ce cas, on ajoute souvent kudasai, « s'il vous plaît », afin de rendre la tournure plus polie : dōzo suwatte kudasai, « S'il vous plaît, asseyez-vous. » Cette forme en -te peut aussi permettre de relier plusieurs formes verbales.

Dire « à droite / à gauche »

En japonais, « gauche » se dit hidari et « droite » migi. Nikai c'est le « premier étage ». Ue ni veut dire « en haut » et shita ni « en bas ».

En japonais !

Olivier – Chotto sumimasen. Mō ichido itte kudasai.
Serveuse – Massugu itte. Nikai desu. Hidari desu.

Comment dire « pouvez-vous répéter » ?

Lorsque l'on veut que quelqu'un répète, il suffit de dire mō ichi do itte kudasai ou « dites-le encore une fois ». Pensez à bien insister sur le double « t ». Normalement, votre interlocuteur devrait alors parler plus lentement. Sumimasen signifie « excusez-moi ». Chotto signifie « un peu » et permet d'adoucir un peu l'expression.

Dire « je ne comprends pas »

Pour dire « je ne comprends pas », rien de plus simple, il suffit de dire wakarimasen.

Combien coûte... ?

Pour demander combien coûte quelque chose, on peut dire ikura desu ka?, qui veut dire, littéralement, « c'est combien ? »

En japonais !

Olivier – Kono hon wa ikura desu ka?
Vendeuse– Sanbyaku en desu.

Kono hon signifie « ce livre ».

Comment prononcer « yen » ?

En japonais, yen se prononce « enne ». Vous verrez souvent le kanji 円 et le symbole ￥ !

Celui-ci, celui-là ou celui-là, là-bas ?

Comme en français, les démonstratifs s'emploient pour désigner une personne ou un objet bien précis et les situer dans l'espace ou dans le temps par rapport à la personne qui parle.

Kono hon : ce livre-ci
Sono hon : ce livre-là
Ano hon : ce livre-là, là-bas

Dire « je voudrais un ticket de métro »

Pour dire « je voudrais un ticket (kippu) de métro », on dit kippu o ichimai kudasai, « deux tickets de métro » kippu o nimai kudasai, « trois tickets de métro » kippu o sanmai kudasai. Mai est un spécificateur numérique qui permet de compter les objets fins et plats.

Le prix

Le prix c'est nedan.

- kau .... acheter
- harau .... payer
- o-kane .... l'argent
- koin .... la monnaie, les pièces
- satsu .... le billet de banque
- takai .... cher, chère
- yasui .... bon marché
- waribiki .... la réduction
- bāgen .... les soldes
- urikire .... épuisé, en rupture de stock
- shinhatsubai .... un nouveau produit

Bon appétit !

Il n'existe pas de traduction littérale de « bon appétit ». En revanche, les Japonais utilisent une expression qui s'emploie lorsque l'on mange ou que l'on boit. C'est itadakimasu ! Elle signifie en fait « je reçois » et exprime la politesse et le respect. Qu'ils soient seuls ou plusieurs à table, c'est un rituel incontournable que tous les Japonais pratiquent !

Félicitations !

En fin de repas, vous pouvez remercier la personne qui vous a invité ou qui a cuisiné grâce à la tournure gochisō sama deshita, qui signifie « c'était un festin !». Vous pouvez aussi lancer un tonitruant gochisōsama deshita en quittant un restaurant !

C'est délicieux !

Pour exprimer que vous appréciez ce que vous mangez, vous pouvez dire oishī, desu ne!, soit « c'est délicieux, tu ne trouves pas ? La version plus masculine de l'adjectif oishī est umai.

Les invitations

Tabemasu signifie « manger ». Pour lancer une invitation, on utilise le verbe à la forme interro-négative, c'est-à dire en masen + ka (particule interrogative) : tabemasen ka.

En japonais !

Mayuko – Issho ni hirugohan o tabemasen ka?
Olivier et Marie – Ī desu ne ! Yorokonde!

Dire « d'accord »

On entend souvent l'expression ī desu ne, littéralement « c'est bien, n'est-ce pas ? » On peut l'utiliser quand on est admiratif ou, comme ici, pour dire « c'est super ! ». Yorokonde veut dire « avec plaisir », « volontiers ». Si vous devez refuser une invitation, essayez d'arrondir les angles... C'est en effet assez mal vu d'être trop direct en japonais !

Tea time ?

Au Japon, vous pouvez accompagner votre repas de thé vert appelé notamment sencha 煎茶 ou ryokucha 緑茶. Mais, en été, on vous servira souvent du ūroncha ウーロン茶 frais, un thé marron d'origine chinoise. Vous pourrez aussi boire du hōjicha ほうじ茶, un thé vert grillé ou encore du genmaicha 玄米茶, soit un thé vert avec des grains de riz soufflé. Pour la cérémonie du thé, c'est du matcha 抹茶, du thé vert en poudre, qui est utilisé. Quant au thé noir, il est appelé kōcha 紅茶, littéralement « du thé rouge ». Enfin, le mugicha 麦茶 et le sobacha そば茶 sont respectivement du thé d'orge et de sarrasin.

Du riz à tous les repas !

Le riz est un pilier de la cuisine japonaise. Cru, il est appelé kome 米. Cuit, on le désigne par gohan ご飯. On le retrouve dans asagohan 朝ご飯, « petit déjeuner », hirugohan 昼ご飯, « déjeuner » et yorugohan 夜ご飯/bangohan 晩ご飯, « dîner » ! chōshoku 朝食, chūshoku 昼食, yūshoku 夕食 peuvent aussi être utilisés pour désigner les repas. Gohan desu yo! signifie « le repas est prêt ! »

Et comme boisson ?

Nomimono signifie « boisson » Ce mot est formé du radical nomi (boire) + mono (chose). Tabemono = « chose que l'on mange », c'est-à-dire un aliment. Kimono signifie donc littéralement « chose que l'on porte ». O-nomimono wa est une formule très concise pour demander aux clients ce qu'ils veulent boire.

En japonais !

Serveuse – O-nomimono wa?
Olivier – O-mizu (o) kudasai.
Serveuse – Kashikomarimashita. Shōshō o-machi kudasai.

Kashikomarimashita est une expression formelle utilisée par les serveurs. Elle signifie que votre commande a bien été prise en compte.

La langue polie

Le keigo désigne la langue polie, utilisée dans les magasins notamment. Les formes verbales, aussi bien que les termes, peuvent varier ! « Veuillez patienter » ou Shōshō o-machi kudasai peut aussi se dire, de façon beaucoup moins formelle, chotto matte kudasai ! Pas d'affolement, le keigo est très difficile à maîtriser, même par les jeunes Japonais !

寿司 sushi
sushi

刺身 sashimi
sashimi

焼き鳥 yakitori
brochettes

巻きずし
makizushi
maki

天ぷら tenpura
tempura

そば soba
nouilles de sarrasin

カツ丼
katsudon
bol de riz et côtelette
de porc panée

豚カツ tonkatsu
côtelette
de porc panée

味噌汁
miso shiru
soupe miso

お好み焼き
okonomiyaki
crêpe japonaise

カレーライス
karē raisu
riz au curry

焼きそば yakisoba
nouilles de sarrasin sautées

うどん udon
nouilles de blé

ラーメン
rāmen
ramen

おでん oden
oden

ざるそば zarusoba
soba froides

すきやき sukiyaki
sukiyaki

お茶 ocha
thé

酒 sake
saké

カップヌードル
kappunūdoru
nouilles instantanées

カステラ kasutera
castella

鉄板焼き teppanyaki
teppanyaki

弁当 bentō
bento

しゃぶしゃぶ
shabu shabu
shabu shabu

Au restaurant

Au Japon, certains restaurants sont très spécialisés... Si vous voulez manger du tonkatsu とんかつ, des « côtelettes de porc panées », dirigez-vous vers un tonkatsuya とんかつ屋. Dans un sushiya 寿司屋, vous trouverez des sushis. Et dans un sobaya そば屋, des soba les fameuses « nouilles de sarrasin ». Pour boire un verre et manger des sortes de tapas à la japonaise, allez dans un izakaya 居酒屋!

En japonais !

Serveuse – Irasshaimase! Nanmeisama desu ka?
Olivier – Futari desu.
Serveuse – Kin'en seki, kitsuen seki, dochira ga ī desu ka?
Olivier – Kin'en seki de onegaishimasu.
Serveuse – Dōzo. Kochira e.

Irasshaimase est un mot que vous entendrez très souvent. Il signifie « bienvenue ». Nanmei sama desu ka veut dire « vous êtes combien ?» et futari veut dire « deux ». Enfin, Kin'en seki et kitsuen seki signifient respectivement « zone non-fumeurs » et « zone fumeurs ».

Le menu

Niku, c'est de la « viande », sakana, du « poisson » et yasai, ce sont des « légumes ». Mein kōsu メインコース, c'est le plat principal dezāto デザート, le dessert et zensai 前菜 des petits hors-d'œuvre.

Avez-vous choisi ?

En japonais !

Serveuse – O-kimari desu ka?
Mayuko – Hai, tempura ni shimasu.
Serveuse – Nomimono wa?
Mayuko – Bīru o kudasai.

O-kimari desu ka est une forme polie utilisée par les serveurs qui permet de demander aux clients s'ils ont fait leur choix... ni shimasu veut dire « je prends... », bīru, est un emprunt à l'anglais et signifie « bière ».

Manger à l'heure japonaise

Si on vous invite à dîner au Japon, ne soyez pas étonné si l'on vous donne rendez-vous à 18h ou à 19h !

Le dessert

En japonais !

Serveuse – Dezāto wa ikaga desu ka?
Marie – Sakura mochi o hitotsu kudasai.
Serveuse – Kashikomarimashita. Shōshō o machi kudasai.

Ikaga desu ka est une façon polie de demander l'avis de quelqu'un. Ici, on demande aux clients s'ils veulent un dessert. Le sakura mochi est une pâtisserie traditionnelle japonaise (wagashi 和菓子), à base de riz gluant, fourrée de pâte de haricots rouges. Elle est couverte d'une feuille de cerisier légèrement salée. Hitotsu permet de compter quand il n'y a pas de spécificateur particulier ou que l'on ne le connaît pas.

Hitotsu, futatsu, mittsu, yottsu : un, deux, trois, quatre.

L'addition, s'il vous plaît !

« L'addition », c'est o-kanjō mais on peut aussi dire o-kaikei. En général, il n'y a pas besoin de la demander car elle est posée sur votre table. Pour régler l'addition, munissez-vous de celle-ci et payez en sortant.

En japonais !

Mayuko – O-kanjō o onegaishimasu.

Comment dire « un pourboire » ?

« Un pourboire » se dit chippu. Mais vous pouvez tout de suite oublier ce mot car, au Japon, cela ne se fait tout simplement pas de laisser un pourboire, ni au restaurant, ni dans un taxi !

赤ワイン
aka wain
le vin rouge

白ワイン<
shiro wain
le vin blanc

ロゼ
roze
le vin rosé

シャンパン
shanpan
le champagne

リキュール
rikyūru
la liqueur

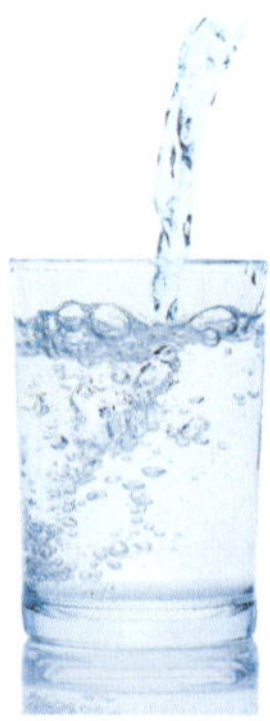

炭酸水
tansansui
l'eau pétillante

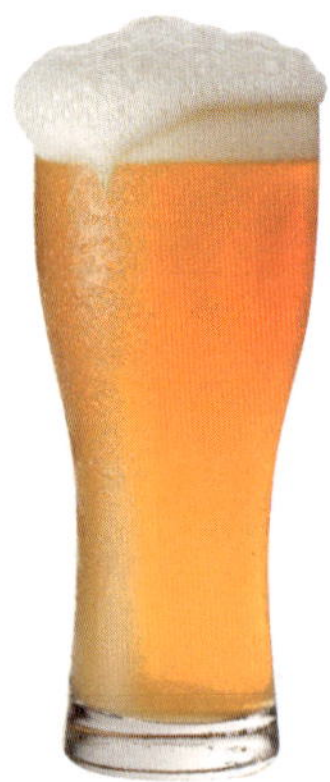

ビール
bīru
la bière

スムージー
sumūjī
le smoothie

(フルーツ)ジュース
(furūtsu) jūsu
le jus de fruits

ウーロン茶
ūroncha
le thé chinois

ネラルウォーター
mineraru wōtā
l'eau minérale

ソーダ
sōda
le soda

牛乳 / ミルク
gyūnyū / miruku
le lait

TESTEZ VOS CONNAISSANCES

Cochez la bonne réponse.

1. « Je ne comprends » pas se dit :

❑ Hanasemasen.
❑ Sumimasen.
❑ Wakarimasen.

2. On utilise suki pour dire que l'on aime quelque chose.

❑ Vrai ❑ Faux

3. .... wa doko desu ka? signifie :

❑ D'où vient ... ? ❑ Où est ... ?

4. Comment dit-on « combien ça coûte » ?

❑ O-ikutsu desu ka?
❑ Doko desu ka?
❑ Ikura desu ka?

5. Que signifie « itte » dans chacune des phrases ci-dessous ?

Massugu itte kudasai	❑ dites	❑ allez
Mō ichi do itte kudasai	❑ dites	❑ allez

6. L'ordinateur est près de moi, je dis :

❑ kono hon
❑ kono pasokon
❑ sono pasokon

TESTEZ VOS CONNAISSANCES

7. Le stylo est près de mon interlocuteur, je dis :

- ❑ sono enpitsu
- ❑ ano pen
- ❑ ano enpitsu

8. « À droite » se dit :

- ❑ massugu
- ❑ hidari ni
- ❑ migi ni

9. Cochez le verbe qui complète correctement chacune des phrases.

Pasuwādo wa ....

❑ arimasu ❑ imasu

Sumiresan wa daidokoro ni ....

❑ arimasu ❑ imasu

Kanojo wa Pari ni ....

❑ arimasu ❑ imasu

Kōhī to o-cha wa .... ka ?

❑ arimasu ❑ imasu

TESTEZ VOS CONNAISSANCES

10. Avant de commencer un repas, on dit :

❑ oishī desu ne

❑ gochisōsama deshita

❑ itadakimasu

11. Chassez l'intrus !

❑ ikebana ❑ e o kaku ❑ sadō ❑ origami ❑ shodō

❑ bokushingu ❑ jūdō ❑ karate ❑ aikidō ❑ kendō

12. Lisez les quatre phrases ci-dessous.
Puis complétez les phrases en français à l'aide des prénoms qui correspondent.

Aratasan wa yomu no ga daisuki desu.
Junkosan wa ongaku o kiku koto ga daisuki desu.
Narumisan wa ryōri o suru koto ga suki desu.
Mayumisan wa oyogu no ga suki desu.

.... aime cuisiner.

.... aime beaucoup écouter de la musique.

.... aime nager.

.... aime beaucoup lire.

TESTEZ VOS CONNAISSANCES

C'est à vous !

Au restaurant, la serveuse demande à Thomas ce qu'il a choisi.

Serveuse : O-kimari desu ka?

Thomas veut prendre une soupe miso et des brochettes.
Thomas : Hai, ... to .... ni ....

La serveuse lui demande ce qu'il veut comme boisson.
Serveuse : .... wa?

Thomas répond qu'il voudrait du thé.
Thomas : ....

La serveuse lui demande ensuite s'il veut un dessert.
Serveuse : Dezāto wa .... ?

Il lui répond qu'il veut une glace au sésame.
Thomas : Goma aisukurīmu ... .

La serveuse termine en disant qu'elle a bien compris la commande et demande à Thomas de patienter un peu.
Serveuse : Kashikomarimashita. .... o machi kudasai.

Au café

En japonais !

Serveuse – O-kimari desu ka?
Olivier – Burakku kōhī ni shimasu. Reikosan wa?
Reiko – Amerikan kōhī ni shimasu.
Olivier – Burakku kōhī o hitotsu to amerikan kōhī o hitotsu onegaishimasu.

Burakku kōhī ou *black coffee* c'est « un café classique », et amerikan kōhī ou *American coffee,* « un café allongé ». To signifie « avec ».

Des cafés particuliers

Il existe des cafés où vous pouvez passer un peu de temps avec des chats, des chouettes ou encore des hérissons... Dans un autre genre, il y a les *maid cafés,* où les serveuses sont habillées en domestiques et appellent leurs clients « maîtres ». Cependant les modes changent assez vite...

Un sandwich, s'il vous plaît !

En japonais !

Olivier – Hamu to chīzu sandoitchi o onegaishimasu.

Serveuse – Kashikomarimashita. Kochira de o-meshiagari desu ka? O-mochi kaeri desu ka?

Olivier – Koko de tabemasu.

En passant par l'anglais, hamu, chīzu et sandoitchi sont transparents ! Ici, la serveuse demande de façon très polie si Olivier veut manger sur place, Kochira de o-meshiagari desu ka, ou si c'est à emporter, o-mochi kaeri desu ka. Il répond qu'il veut manger sur place, koko de tabemasu. S'il avait voulu prendre son sandwich à emporter, il aurait dit motte kaerimasu.

20 QUELLE HEURE EST-IL ?

L'heure

Pour dire l'heure, on utilise ji ; pour indiquer l'heure exacte, on ajoute le terme chōdo. Pour préciser les minutes, on ajoute le nombre et le spécificateur fun/pun, et si nécessaire l'adverbe mae (moins/avant). À la question ima nanji desu ka?, « quelle heure est-il ? », on répond par … ji desu.

Goji han desu. Il est cinq heures et demie.

Goji juppun mae desu. Il est cinq heures moins dix.

En japonais !

Olivier – Ima nanji desu ka?
Reiko – Goji desu.
Olivier – Yakusoku wa nanji desu ka?
Marie – Rokuji chōdo desu.

Soyez à l'heure !

Les Japonais sont très ponctuels. Si jamais vous arriviez en retard à un rendez-vous, dites O matase shimashita! Gomen nasai afin de vous excuser.

O matase shimashita signifie littéralement « je vous ai fait attendre ».

Gomen nasai signifie « excusez-moi ».

Pour dire « et demie » on utilise han. Pour « et quart », il n'y a pas de formule consacrée, on dit « 15 minutes », soit jūgofun, et pour « moins le quart » on ajoute mae : jūgofun mae.

Niji jūgofun mae desu. Il est deux heures moins le quart.

Pour dire qu'il est « midi » ou « minuit », on dit shōgo et mayonaka ou reji (zéro heure).

La journée

Pour indiquer l'heure, on emploie les nombres 1 à 12, sauf lorsqu'on indique des horaires (de train, de bus, d'émissions de télévision, etc.) où l'on utilise les nombres de 1 à 24. Si le contexte ne permet pas de le définir, on précise le moment de la journée : gozen, « du matin » ou gogo, « de l'après-midi ».

La journée

- asa.......... le matin
- gogo .... l'après-midi
- yūgata...... la soirée
- yoru........ la nuit
- hayaku ..... tôt
- osoku ...... tard
- byō.......... la seconde
- fun/bun/pun. la minute
- han .... la demi-heure
- ji .... l'heure

正午です
shōgo desu
il est midi

12時半です
jūniji han desu
il est midi et demi

2時です
niji desu
il est deux heures

4時15分前です
yoji jūgofun mae desu
il est quatre heures moins le quart

5時です
goji desu
il est cinq heures

17 時21分です
jūshichiji nijū ippun desu
il est dix-sept heures vingt et une

7 時 5 分です
shichiji gofun desu
il est sept heures cinq

8 時10分です
hachiji juppun desu
il est huit heures dix

9 時15分です
kuji jūgofun desu
il est neuf heures et quart

0時です
reiji desu
il est minuit

Dire la date

Kyō no hizuke wa nan desu ka?
Quelle est la date d'aujourd'hui ?

Kyō wa nan nichi desu ka?
Nous sommes le combien ?

Kyō wa nani yōbi desu ka?
Quel jour sommes-nous ?

Kyō wa jūnigatsu jūgonichi desu.
Nous sommes le 15 décembre.

Pour dire la date, il faut retenir les jours de la semaine, les mois et les nombres jusqu'à 31 ! Attention, les choses se compliquent pour les dates des 10 premiers jours du mois.

En quelle année ?

Les Japonais ont un système bien particulier pour désigner les années : ils utilisent en effet les ères impériales. Ce système est encore employé de nos jours dans les documents officiels. En 2019, le Japon est entré dans une nouvelle ère, l'ère Reiwa (« Belle harmonie » 2019-)
Pour convertir une année japonaise en année occidentale, il faut d'abord trouver la première année du **nengō** (nom de l'ère) puis y soustraire 1 et ensuite ajouter le nombre de l'année japonaise. Ainsi, la 5e année de l'ère Reiwa (Reiwa 5) correspond à 2023.
Exemple : 2019 – 1 = 2018, et 2018 + 5 = 2023

Les jours de la semaine/yōbi

- getsuyōbi............... lundi
- kayōbi.................. mardi
- suiyōbi .... mercredi
- mokuyōbi............... jeudi
- kin'yōbi................ vendredi
- doyōbi.................. samedi
- nichiyōbi............... dimanche
- shūmatsu............... le week-end

Les mois de l'année/tsuki

- ichigatsu .... janvier
- nigatsu .... février
- sangatsu .... mars
- shigatsu .... avril
- gogatsu .... mai
- rokugatsu............... juin
- shichigatsu .... juillet
- hachigatsu............. août
- kugatsu .... septembre
- jūgatsu .... octobre
- jūichigatsu............. novembre
- jūnigatsu .... décembre

QUEL JOUR SOMMES-NOUS ?

- 1 ..... tsuitachi
- 2 ..... futsuka
- 3 ..... mikka
- 4 ..... yokka
- 5 ..... itsuka
- 6 ..... muika
- 7 ..... nanoka
- 8 ..... yōka
- 9 ..... kokonoka
- 10 .... tōka
- 11 .... jū-ichi-nichi
- 12 .... jū-ni-nichi
- 13 .... jū-san-nichi
- 14 .... jū-yokka
- 15 .... jū-go-nichi
- 16 .... jū-roku-nichi
- 17 .... jū-shichi-nichi
- 18 .... jū-hachi-nichi
- 19 .... jū-ku-nichi
- 20 .... hatsuka
- 21 .... ni-jū-ichi-nichi
- 22 .... ni-jū-ni-nichi
- 23 .... ni-jū-san-nichi
- 24 .... ni-jū-yokka
- 25 .... ni-jū-go-nichi
- 26 .... ni-jū-ichi-nichi
- 27 .... ni-jū-ichi-nichi
- 28 .... ni-jū-ichi-nichi
- 29 .... ni-jū-ichi-nichi
- 30 .... san-jū-nichi
- 31 .... san-jū-ichi-nichi

La division du temps

- kyō .... aujourd'hui
- ashita .... demain
- kinō .... hier
- asatte .... après-demain
- ototoi.................... avant-hier
- tsugi no hi .... le lendemain
- mae no hi................ la veille

- kesa.................... ce matin
- gogo.................... cet après-midi
- konban.................. ce soir / cette nuit
- ashita no gogo.......... demain après-midi
- kinō no gogo............ hier après-midi
- kinō no yoru............ hier soir
- asatte no asa........... après-demain matin
- itsu?................... quand ?
- nanji?.................. à quelle heure ?
- senshū.................. la semaine dernière
- sengetsu................ le mois dernier
- ikka getsu mae.......... il y a un mois
- kyonen.................. l'année dernière
- raishū.................. la semaine prochaine
- kotoshi................. cette année
- rainen.................. l'année prochaine
- sannen mae.............. il y a trois ans / cela fait trois ans
- muika go................ dans six jours
- yasumi no ato........... après les vacances
- taizaichū............... pendant son séjour
- umarete kara............ depuis qu'il/elle est né(e)
- kayōbi kara............. depuis mardi
- gendai de wa............ aujourd'hui, de nos jours

En japonais !

Olivier – Kono shātsu wa ikura desu ka?
Vendeur – Ichi man en desu.
Olivier – Takai desu!

Shātsu signifie « chemise ». Kaimono o suru, c'est « faire du shopping ». « Je cherche », c'est .. o sagashite imasu.

Cher ou pas ?

« C'est cher » se dit « takai ». Pour dire « c'est bon marché » on peut dire yasui, mais on peut aussi utiliser la forme négative « ce n'est pas cher » soit takakunai desu. C'est l'adjectif qui prend la marque de la négation.

Le client est ...

Si en France le client est roi, au Japon c'est ...un dieu ! Vous ne serez donc pas étonné par la qualité du service que l'on vous offre dans les magasins japonais. Vous serez salué par les employés à votre entrée dans un grand magasin d'un tonitruant いらっしゃいませ irasshaimase de bienvenue et on actionnera pour vous les boutons de l'ascenseur tout en s'adressant à vous dans des termes très respectueux (keigo)!

Problèmes de tailles

Au Japon, mieux vaut toujours essayer avant d'acheter ! Les tailles ne sont pas exactement les mêmes qu'en Europe. Un L japonais correspond plutôt à un M français. Pour les chaussures, les pointures s'énoncent en centimètres ! Un 37 équivaut donc à environ 23.5 cm. Si c'est trop petit, vous pouvez dire chotto chīsai desu, « c'est un peu petit » ou motto ōkī saizu wa arimasu ka, « y a-t-il une taille plus grande ? »

Puis-je payer par carte ?

Une fois arrivé à la caisse, vous pouvez demander kurejitto/biza kādo wa tsukaemasu ka, littéralement « est-ce qu'on peut utiliser la carte de crédit ? ». En général, on vous répondra par l'affirmative. Sachez cependant que les Japonais ont encore très souvent l'habitude de « payer en espèces », genkin de. Soyez d'autant plus prévoyant que certains distributeurs n'acceptent pas les cartes bancaires étrangères !

Vous cherchez quelque chose ?

Si le vendeur vous demande nanika o sagashi desu ka, c'est-à-dire « est-ce que vous cherchez quelque chose ? », vous pouvez répondre mite iru dake desu, « je ne fais que regarder ». Mais si vous cherchez quelque chose en particulier, vous pouvez répondre hai, ... o-sagashite imasu, « oui, je cherche... ».

Les magasins

- mise.................... magasin
- shoppingu sentā .... centre commercial
- depāto .... grand magasin
- pan'yasan .... boulangerie
- nikuya.................. boucherie
- sakanaya .... poissonnerie
- yaoya .... marchand de primeurs
- kutsuya................ magasin de chaussures
- yōfukuya .... magasin de vêtements
- hōshokuten............ bijouterie
- hon'ya................. librairie
- yakkyoku .... pharmacie
- ten'in.................. vendeur(euse)
- shichaku shitsu .... cabine d'essayage
- shichaku suru........... essayer
- shō uindō............... vitrines
- bāgen .... soldes

オレンジ色の
orenji iro no
orange

茶色の
cha iro no
marron

青い
aoi
bleu

赤い
akai
rouge

紫の
murasaki no
violet

薄い青の
usui ao no
bleu clair

白い
shiroi
blanc

緑の
midori no
vert

ピンクの
pinku no
rose

灰色の
hai iro no
gris

黒い
kuroi
noir

黄色の
ki iro no
jaune

ALLONS FAIRE DU SHOPPING !

スーツ
sūtsu
costume

トランクス
torankusu
caleçon

ブラジャー
burajā
soutien-gorge

パンティー
pantī
culotte

ブリーフ
burīfu
slip

コート
kōto
manteau

海水パンツ
kaisui pantsu
short (de bain)

ワイシャツ
waishatsu
chemise

T-シャツ
tī-shatsu
tee-shirt

上着
uwagi
veste

水着
mizugi
maillot
de bain

セーター
sētā
pull

ズボン
zubon
pantalon

浴衣
yukata
kimono
léger

スカート
sukāto
jupe

ワンピース
wan pīsu
robe

帽子
bōshi
chapeau

帽子
bōshi
bonnet

キャップ
kyappu
casquette

手袋
tebukuro
gants

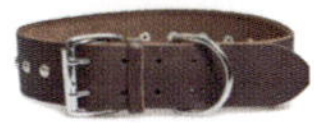

ベルト
beruto
ceinture

サングラス
sangurasu
lunettes de soleil

傘
kasa parapluie

ハンドバッグ
handobaggu
sac à main

ヘアクリップ
hea kurippu
pince

スーツケース
sūtsukēsu
valise

財布
saifu
portefeuille,
porte-monnaie

扇子
sensu éventail

ショルダーバッグ
shorudā baggu
sac en bandoulière

リュック
ryukku
sac à dos

草履
zōri
sandales traditionnelles

スカーフ
sukāfu
écharpe

香水
kōsui
parfum

Au supermarché

En japonais !

Reiko – Tomato o go ko to jagaimo o ichi kiro kudasai.
Vendeur – Hai, dōzo. Hoka ni nanika gozaimasu ka?
Reiko – Sore dake desu. Arigatō gozaimasu.

Tomato est un mot transparent. Ce n'est pas le cas de jagaimo qui signifie « pomme de terre ». Go ko veut dire « 5 ». Ko est le spécificateur qui permet de compter des objets inanimés. Hoka ni nanika gozaimasu ka est une formulation polie pour demander au client s'il désire autre chose.

Enfin, sore dake desu signifie, littéralement, « c'est seulement cela ». Reiko aurait pu dire aussi ijō desu, arigatō gozaimashita, « ce sera tout, merci beaucoup ».

Un peu plus ?

Voici quelques phrases qui pourront vous être utiles :
Mō sukoshi. Encore un peu.
Mō sukoshi sukunaku. Un peu moins.
Shishoku dekimasu ka? Est-ce qu'on peut goûter ?

- konbini .... supérette
- eigyō chū ≠ heiten .... ouvert ≠ fermé
- kyaku................. client(e)
- reji .... caisse
- nedan .... prix
- otsuri .... monnaie
- reshīto................ ticket de caisse
- yasui .... bon marché
- takai .... cher(ère)
- muryō (no) .... gratuit(e)
- tororī/ shoppingu kāto chariot
- shopping basuketto ... panier
- tokubaihin .... article en promotion

Grignoter au depachika デパ地下

Depachika c'est le sous-sol (chika) des grands-magasins (*department stores*). On y trouve des produits alimentaires et notamment des plats cuisinés par des traiteurs. C'est le lieu idéal pour goûter de nombreuses spécialités. Allez donc y faire un tour vers midi, qui plus est si vous avez une petite faim !

パイナップル
painappuru
ananas

キウイフルーツ
kiwi furūtsu
kiwi

ピーマン
pīman
poivron

木苺
ki ichigo
framboise

イチジク
ichijiku
figue

レイシ
reishi
litchi

カキ
kaki
kaki

メロン
meron melon

スイカ
suika pastèque

葡萄
budō
raisin

サクランボ
sakuranbo
cerise

ナシ
nashi
poire nashi

桃
momo
pêche

オレンジ
orenji
orange

バナナ
banana
banane

苺
ichigo
fraise

アンズ
anzu
abricot

レモン
remon
citron

りんご
ringo
pomme

Allons à Akihabara !

Akihabara, parfois surnommé Akiba, est un quartier de Tokyo qui est un vrai paradis pour les amateurs de jeux vidéo et de technologie. Si vous préférez fuir les touristes, le Den Den Town d'Osaka devrait plus vous satisfaire !

En japonais !

Reiko – Issho ni Akihabara ni ikimashō!
Olivier – Ikitai!
Reiko – Ashita wa dō desu ka? Atarashī keitai ga hoshī desu.

Ikimashō permet de lancer une invitation « Allons à… ». Issho ni signifie « ensemble ». Ikitai signifie « j'ai envie d'(y) aller ». Dō desu ka signifie littéralement « c'est comment ? ». Ashita wa dō desu ka signifie donc « Est-ce que demain, ça te va ? ». Atarashī veut dire « nouveau ». Hoshī desu signifie « je voudrais + (une chose) ». Enfin, keitai est l'abréviation de keitai denwa, « téléphone portable ». Attention à utiliser votre téléphone de façon discrète : évitez les appels dans les lieux publics et les conversations à voix haute. Utilisez le mode silencieux ou le māna mōdo マーナモード, le mode « bonnes manières ».

TESTEZ VOS CONNAISSANCES

Cochez la ou les bonne(s) réponse(s).

1. Comment dit-on « aujourd'hui » ?

❑ kyō ❑ itsu ❑ kesa

2. Comment dit-on « demain » ?

❑ yoru ❑ ashita ❑ gogo

3. Comment dit-on « hier » ?

❑ ototoi ❑ kinō ❑ asatte

4. Comment dit-on « c'est pour emporter » ?

❑ Koko de tabemasu.

❑ Motte kaerimasu.

5. Comment traduit-on gogo sanji ?

❑ 3 heures du matin

❑ 15 heures

6. Quel jour vient après suiyōbi ?

❑ mokuyōbi ❑ getsuyōbi ❑ kayōbi

7. Quelle est la traduction de « novembre » ?

❑ jūgatsu ❑ nigatsu ❑ jūichigatsu

8. Comment dit-on « cette année » ?

❑ kotoshi ❑ rainen ❑ kyonen

TESTEZ VOS CONNAISSANCES

9. Comment dit-on « il est 9 heures pile » ?

❑ kuji chōdo desu ❑ niji chōdo desu ❑ kuji han desu

10. Comment dit-on « il est 10 heures cinq » ?

❑ jūji gofun mae desu ❑ goji juppun desu
❑ jūji gofun desu

11. Comment dit-on « il est 3 heures et demie » ?

❑ sanji han desu ❑ gojihan desu ❑ sanji nijuppun desu

12. Comment dit-on « ce n'est pas cher » ?

❑ takakunai ❑ takai ❑ yasui

13. Comment dit-on « le 2 mars » ?

❑ nigatsu mikka ❑ nigatsu futsuka ❑ sangatsu futsuka

14. Comment dit-on « le 6 décembre » ?

❑ jūnigatsu itsuka ❑ jūnigatsu muika ❑ jūnigatsu

15. Comment dit-on « le 12 décembre » ?

❑ jūnigatsu hatsuka ❑ jūnigatsu jūninichi
❑ jūnigatsu nijūninichi

16. Dans un magasin, qui dit irasshaimase ?

❑ le client ❑ le vendeur

17. Qui dit Mite iru dake desu ?

❑ le client ❑ le vendeur

TESTEZ VOS CONNAISSANCES

18. Chotto chīsai desu. signifie « c'est un peu grand ».

❑ Vrai

❑ Faux

19. Associez les couleurs et les fruits à leurs traductions.

bleu	midori
rouge	shiroi
blanc	kuroi
noir	aoi
vert	akai
pastèque	momo
fraise	ringo
pomme	suika
ananas	ichigo
pêche	painappuru

20. Ikimashō signifie « je voudrais aller ».

❑ Vrai

❑ Faux

TESTEZ VOS CONNAISSANCES

21. Atarashī pasokon ga hoshī desu. signifie « je voudrais un nouveau téléphone portable ».

❏ Vrai

❏ Faux

C'est à vous !

La vendeuse demande à Emma si elle cherche quelque chose.

La vendeuse : Nanika o-.............. desu ka?

Emma dit qu'elle cherche une jupe noire

Emma : Hai, ...
o ....

La vendeuse apporte une jupe noire à Emma.
Emma la remercie et lui demande si elle peut payer avec sa carte bancaire.

Emma : Kurejitto .... wa
.... ka?

Où est la station de métro ?

En japonais !

Olivier – Chotto sumimasen. Chikatetsu no eki wa doko desu ka?

Passante – Massugu itte. Kōsaten o migi ni magatte kudasai.

Olivier – Chotto sumimasen. Mō ichi do itte kudasai.

Passante – Massugu itte. Kōsaten o migi ni magatte kudasai.

Chikatetsu signifie « métro » et eki « gare ». Chikatetsu no eki signifie donc « station de métro ». Kōsaten veut dire « intersection », migi signifie « à droite ». Magatte kudasai signifie « tourne/tournez ». Chose étrange, remarquez que pour dire « à l'intersection », on utilise la particule o qui marque le complément d'objet direct. Itte peut venir de deux verbes différents : « aller » et « dire ».

Comment demander où il y a un distributeur

Dites : Chotto sumimasen. ē tī emu wa doko desu ka… Pour être sûr de pouvoir retirer de l'argent avec une carte érangère, optez pour les bureaux de poste !

Je voudrais un ticket

En japonais !

Olivier – Ohayō gozaimasu. Asakusa made ikura desu ka?
Employé – Hyaku yonjū (140) en desu.
Olivier – Wakarimashita. Asakusa made no kippu o ichimai kudasai.
Employé – Hai, dōzo.

Made signifie « jusqu'à ». Au Japon, le prix d'un ticket de métro dépend de la distance parcourue. Le réseau du métro est très dense et peut vous sembler intimidant au départ, mais le système de signalisation est d'une grande utilité. Sur les quais, les panneaux mentionnent également le nom des gares précédente et suivante. Une couleur et une lettre sont attribuées à chaque ligne et un numéro à chaque station.

Asakusa

Asakusa est un quartier de Tokyo où l'on peut visiter le célèbre temple Sensōji 浅草寺 dédié à la déesse bouddhique Kannon. N'oubliez pas d'aller contempler son impressionnant portail, le kaminari mon 雷門 !

La ville

- mura .... village
- machi .... ville
- chūshingai............. centre(-ville)
- hiroba .... place
- michi .... rue, chemin
- kōsaten .... intersection, carrefour
- shingō................... feu (de signalisation)
- ōdanhodō .... passage pour piétons
- hashi.................... pont
- jitensha sen'yō dō....... piste cyclable
- tatemono .... immeuble
- shiyakusho .... mairie
- eki .... gare
- kōban .... poste de police
- kankō annaijo........... office de tourisme
- bijutsukan .... musée
- gekijō .... théâtre
- kissaten .... café
- o-tera .... temple bouddhiste
- jinja .... sanctuaire shinto
- minato................... port
- shiro .... château
- kōen .... parc
- eigakan .... cinéma
- yūbinkyoku .... poste
- ginkō.................... banque
- basu tei (ryūjo).......... arrêt de bus
- byōin.................... hôpital

Je suis perdu

...e wa dō iku no desu ka?
Comment fait-on pour aller à... ?

... e ikitai desu ga... Je voudrais aller à...

Chotto sumimasen. ... o sagashite imasu.
Excusez-moi, je cherche...

Tōi desu ka? Est-ce loin ?

Aruite dorekurai kakarimasu ka?
Combien de temps cela prend-il à pied ?

Chikatetsu no chizu o itadakemasu ka?
Est-ce que je pourrais avoir un plan de métro ?

...e iku niwa nan-ban no basu ni noreba ī desu ka?
Quel bus dois-je prendre pour aller à ... ?

....yuki no basu wa kore desu ka?
Est-ce que ce bus va à ... ?

Shashin o totte mo ī desu ka?
Peut-on prendre des photos ?

Nanji ni akimasu ka?
À quelle heure est-ce que cela ouvre ?

Nanji ni shimarimasu ka?
À quelle heure est-ce que cela ferme ?

La météo

- tenki. temps
- do. . . . . degré
- atsui. très chaud
- atatakai . . . . doux
- samui . . . . froid

Le froid

- yuki ga furu. . . . . neiger
- yuki . . . . neige
- ōdanhodō . . . . gelée

La chaleur

- hare. ensoleillé(e)
- mushi atsui desu. . . . . il fait lourd

Les saisons

- aki . . . . automne
- fuyu . . . . hiver
- haru. printemps
- natsu. . . . . été

Nihon no tenki

Au Japon, le climat est très varié selon les régions. De manière générale, il est globalement assez tempéré mais les écarts sont importants entre Hokkaido et ses longs mois neigeux et Okinawa et son climat subtropical. L'automne offre de très beaux paysages aux couleurs rougeoyantes, le printemps est le moment de floraison des cerisiers. Quant à l'été, il est marqué par l'humidité et la chaleur.

Le vent

- kaze.................. vent
- taifū.................. typhon
- kumo.................. nuage

La pluie

- ame.................. pluie
- raiu.................. orage
- kiri.................. brouillard
- niji.................. arc-en-ciel
- tsuyu.................. saison des pluies

Tenki wa dō desu ka? Quel temps fait-il ?

Ī tenki desu. Il fait beau.

Chez le médecin

En japonais !

Médecin – Doko ga itai no desu ka?
Olivier – Onaka ga itai desu.
Médecin – Netsu ga arimasu ka?
Olivier – Hai, chotto netsu ga arimasu.

Doko ga itai no desu ka? veut dire « Où avez-vous mal ? ». ... ga itai signifie « j'ai mal à ... ». Onaka veut dire « ventre ». Netsu signifie « fièvre ». Chotto, quant à lui, a le sens de « un peu ».

Une pharmacie ?

Pour dire « pharmacie », il existe deux termes yakkyoku 薬局 et kusuriya 薬屋. Ces deux termes sont souvent utilisés de façon interchangeable. Néanmoins, la petite différence tient au fait qu'il y a forcément un pharmacien dans une yakkyoku 薬局. « Où puis-je trouver une pharmacie ? » se dit yakkyoku wa doko ni arimasu ka? ou yakkyoku wa doko desu ka?

- kusuri .... médicament
- seki .... toux
- geri .... diarrhée
- netsu .... fièvre
- kōsei busshitsu .... antibiotique
- zensoku .... asthme
- benpi .... constipation
- arerugi .... allergie

Quelques phrases utiles

Atama ga itai desu. J'ai mal à la tête.

Kaze o hikimashita. J'ai un rhume. / J'ai pris froid.

O-daiji ni. À tes souhaits ! / Bon rétablissement !

Kibun ga warui desu. Je ne me sens pas bien.

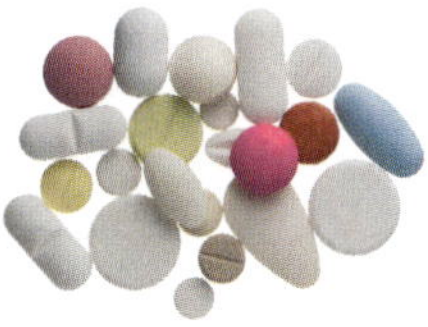

Byōki desu. Je suis malade.

Samuke ga shimasu. J'ai des frissons

Memai ga shimasu. J'ai des vertiges.

Hakike ga shimasu. J'ai la nausée.

Le corps humain/karada

Le visage/kao

Cheveux **kami**
髪 かみ

Oreille
mimi
耳 みみ

Bouche
kuchi
口 くち

Dent **ha**
歯 は

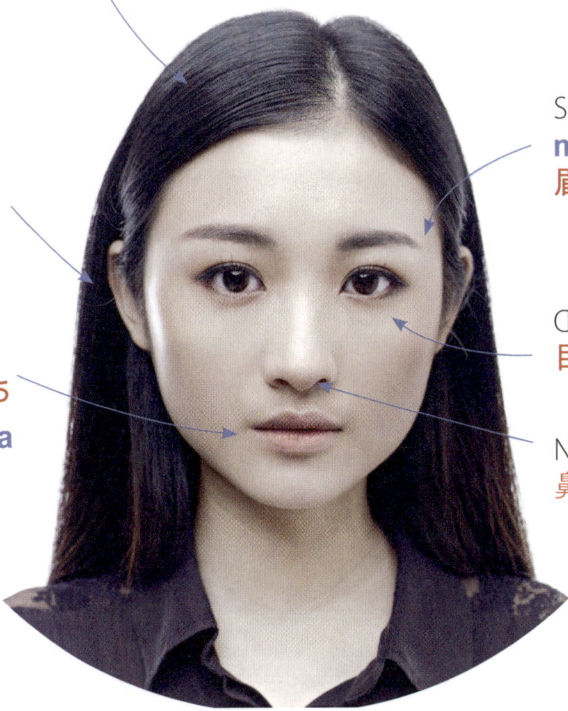

Sourcil
mayuge
眉毛 まゆげ

Œil **me**
目 め

Nez **hana**
鼻 はな

À l'hôtel

Qu'est-ce qu'un ryokan ?

Un ryokan est une auberge japonaise typique où l'on peut souvent déguster de la cuisine japonaise traditionnelle et tester les bains chauds.

Comment réserver une chambre dans un hôtel ?

En japonais !

Réceptionniste	– Irasshaimase.
Olivier	– Konnichiwa. Ippaku wa ikura desu ka?
Réceptionniste	– O hitori nana sen gohyaku en desu.
Olivier	– Arigatō gozaimashita.
Réceptionniste	– Dō itashimashite.

On demande dans ce dialogue « combien coûte... » ...wa ikura desu ka, « une nuit », ippaku (haku étant le spécificateur pour compter les nuits). Le prix est donné pour une personne o-hitori. Pour deux personnes, la réceptionniste aurait dit o-futari.

À l'hôtel/Hoteru de

- furonto .... réception
- chekku in suru .... se présenter à la réception
- kūshitsu/manshitsu....... chambres libres/complet
- kagi .... clé
- washitsu/yōshitsu .... chambre de style japonais/ occidental
- shinguru/daburu rūmu.... chambre simple/double
- shinguru/daburu beddo... lit (pour une personne/ pour deux personnes)
- furo .... salle de bains
- ea kon.................... climatisation

Quelques phrases utiles à l'hôtel !

Chōshoku wa fukumarete imasu ka?

Le petit déjeuner est-il inclus ?

Chōshoku wa nanji kara nanji made desu ka?

Jusqu'à quelle heure le dîner est-il servi ?

Shichiji ni mōningu kōru onegaishimasu.

Pourriez-vous me réveiller à 7h ?

Chekku auto wa nanji desu ka?

À quelle heure faut-il quitter la chambre ?

Un faux numéro

En japonais !

Olivier – Moshi Moshi. Reikosan desu ka?
Femme– Īe chigaimasu.
Olivier – Sumimasen. Machigaemashita. Shitsurei shimasu.

Chigaimasu, c'est « être différent ». Ici, on traduira par « vous vous êtes trompé », « vous faites erreur ». L'expression sumimasen permet de s'excuser. Machigaemashita veut dire « je me suis trompé ». Shitsurei shimasu signifie littéralement « je commets une impolitesse » mais c'est en fait une façon de clore la conversation.

Allô !

« Allô » se dit moshi moshi. Si vous appelez un fixe, pour être sûr de ne pas vous être trompé de numéro, demandez ...-san no o-taku desu ka « Suis-je bien à la résidence de M./Mme ... ? »

Laisser un message

En japonais !

Répondeur – Tadaima denwa ni deru koto ga dekimasen. Pī-to iu hashin-on no ato ni mesēji o onegaishimasu.

Olivier – Oribie desu. Ashita furansu ni kaerimasu. Denwa shite ne!

Denwa signifie « téléphone » et denwa ni deru, « répondre au téléphone ». Koto permet de nominaliser la forme verbale et signifie « chose » Dekimasen est une forme négative qui signifie « je ne peux pas ». L'ensemble veut dire « je ne peux pas répondre au téléphone pour l'instant ». Pī-to iu hashin-on no ato signifie « après le bip (ou pī ici !)». Mesēji est transparent (« message »). Kaerimasu signifie « rentrer ». Denwa shite ne veut dire « Appelle-moi ! »

Tadaima !

Ici tadaima signifie « pour le moment » mais on l'utilise aussi quand on rentre chez soi ! Ceux qui sont à la maison nous accueillent alors avec un O-kaeri. Lorsque l'on quitte son domicile, on dit itte kimasu, ce à quoi on vous répond itte rasshai. Difficile de traduire ces expressions très chaleureuses !

Des mots proches

Une fois que l'on s'est accoutumé à une certaine gymnastique de décodage, certains mots en katakana sont très faciles à comprendre !

En japonais !

Mayuko – Barē bōru to basuketto dewa dochira ga suki desu ka?

Olivier – Barē bōru!

Mayuko – Ē nihongo jōzu ni natta ne!

Mayuko demande à Olivier s'il préfère le basket-ball ou le volley-ball. À la fin, elle le complimente sur les progrès qu'il a faits. Olivier est censé répondre de façon modeste !

Osez parler japonais !

N'hésitez pas à parler japonais même si vous connaissez très peu de mots. Les Japonais apprécieront l'effort et la communication n'en sera que facilitée. Il y a de fortes chances pour qu'ils vous complimentent : nihongo ga jōzu desu ne! « Vous êtes doué en japonais !». Soyez modeste et répondez « īe, īe heta desu » « non, non je suis mauvais ! »

Des mots transparents ...ou presque

Vêtements

- sukāto .... *skirt* jupe
- wanpīsu .... *one piece* robe
- tī-shatsu .... *T-shirt* tee-shirt
- sētā .... *sweater* pull
- sūtsu .... *suit* costume
- zubon .... *trousers* pantalon

Viande

- bīfu .... *beef* bœuf
- chikin .... *chicken* poulet
- pōku .... *pork* porc

Boissons

- miruku .... *milk* lait
- miruku tī .... *milk tea* thé au lait
- jūsu .... *juice* jus de fruits
- kokoa .... *cocoa* chocolat chaud
- kōhī .... *coffee* café
- bīru .... *beer* bière
- wain .... *wine* vin

Fruits

- banana .... *banana* banane
- orenji .... *orange* orange
- painappuru .... *pineapple* ananas
- remon .... *lemon* citron
- raimu .... *lime* citron vert
- meron .... *melon* melon

Dire au revoir

En japonais !

Olivier – Iroiro arigato gozaimashita.
Reiko – Īe, īe Mata kite ne! Yoi tabi o. Ki o tsukete!

Iroiro arigato gozaimashita permet de dire « merci pour tout ». Bien que dō itashimashite signifie « je vous en prie », on ne l'utilise pas autant qu'en français. Ici, Reiko dit īe, īe à la place. Elle l'invite à revenir mata (« une autre fois »), kite (« viens »). Il ne reste plus qu'à lui souhaiter « bon voyage ! », Yoi tabi o et à l'inviter à prendre soin de lui, ki o tsukete, expression que vous entendrez très souvent !

Qui embrasser ?

Au Japon, on ne se fait pas la bise et on se donne peu l'accolade. En revanche, il est d'usage de s'incliner ! Mais tout dépend bien sûr des liens d'amitié que vous aurez noués !

Taxi !

En japonais !

Olivier – Chotto sumimasen. Takushī noriba wa doko desu ka?
Passant – Massugu itte, hashi no chikaku desu.
Olivier – Arigatō gozaimashita.
Dans le Taxi
Olivier – Kūkō made onegaishimasu.

Takushī noriba signifie « station de taxis ». Hashi veut dire « pont » et chikaku, « près ». Hashi no chikaku veut ainsi dire « près du pont ». Kūkō, c'est « l'aéroport ». Ce terme est formé comme le mot français : ciel + port 空港 !

Pour dire au revoir

Pour prendre congé, vous pouvez dire :

- Mata ne ou Jā ne .... À la prochaine !
- Bai bai. .... Bye bye !
- Mata ashita .... À demain !
- O-saki ni shitsurei shimasu . Je dois m'éclipser. (si vous devez partir avant les autres)
- Sayōnara .... Au revoir. (quand on ne se reverra pas tout de suite)

TESTEZ VOS CONNAISSANCES

Cochez la ou les bonne(s) réponse(s).

1. Hidari ni magatte kudasai signifie :

❑ allez tout droit

❑ tournez à droite

❑ tournez à gauche

2. « Gare » se dit :

❑ eki

❑ chikatetsu

❑ kissaten

3. Comment peut-on demander un plan de métro ?

❑ Aruite dorekurai kakarimasu ka?

❑ Chikatetsu no chizu o itadakemasu ka?

❑ doko ga itai desu ka?

4. Shinjuku made no kippu o sanmai kudasai. signifie :

❑ Trois billets pour Harajuku, s'il vous plaît.

❑ Deux billets pour Shinjuku, s'il vous plaît.

❑ Trois billets pour Shinjuku, s'il vous plaît.

5. Nanji ni akimasu ka? signifie :

❑ À quelle heure ouvrez-vous ?

❑ À quelle heure fermez-vous ?

6. Quel adjectif correspond à la saison suivante Natsu ?

❑ atsui ❑ samui ❑ atatakai

TESTEZ VOS CONNAISSANCES

7. Associez les mots de la colonne de gauche à leur traduction.

ame	neige
kaze	pluie
yuki	nuage
kumo	vent

8. Kyō wa ī tenki desu ne. signifie :

❑ aujourd'hui il fait chaud.
❑ aujourd'hui il fait beau.
❑ aujourd'hui il y a du vent.

Kaze o hikimashita signifie :

❑ Je suis malade.
❑ J'ai attrapé un rhume.
❑ J'ai de la fièvre.

9. J'ai besoin de médicaments. Je cherche une/un

❑ yakkyoku ❑ kusuriya ❑ sakanaya

10. J'ai besoin de retirer de l'argent. Je cherche une/un

❑ ginkō ❑ eigakan ❑ yūbinkyoku ❑ ē tī emu

11. Je voudrais visiter un temple bouddhiste. Je me rends dans un :

❑ jinja ❑ o-tera

TESTEZ VOS CONNAISSANCES

12. **Je demande de l'aide pour aller au parc. Je peux dire :**
- ❑ kōen e wa dō iku no desu ka?
- ❑ kōen e ikitai desu ga
- ❑ kōen e ikimashō

13. **Pour demander où se trouve l'arrêt de bus, on peut dire Basu tei wa doko desu ka ou basu tei wa doko ni arimasuka ?**

❑ vrai ❑ faux

14. **Mimi ga itai desu signifie :**
- ❑ J'ai mal à la tête.
- ❑ J'ai mal à la gorge.
- ❑ J'ai mal aux oreilles.

15. **Yōshitsu signifie « chambre de style occidental »**

❑ vrai ❑ faux

16. **Pour demander « combien coûte une nuit ? », on dit :**

❑ Ippaku wa ikura desu ka? ❑ Ichimai wa ikura desu ka?

17. **Vous devez partir avant les autres, vous dites :**

❑ o-jama shimasu ❑ o-saki ni shitsurei shimasu ❑ o-kaeri

18. **On vous complimente pour votre niveau en japonais. Vous répondez en disant :**
- ❑ arigatō gozaimasu
- ❑ arigatō gozaimashita
- ❑ īe īe heta desu

TESTEZ VOS CONNAISSANCES

19. **On vous demande ce que vous préférez :** Bīru to wain dewa ....ga ....desu ka. **Complétez la question.**
❑ nani hōshi ❑ dochira suki

C'est à vous !

Charlotte est un peu perdue. Elle demande de l'aide à une passante et lui dit qu'elle cherche la poste.

Charlotte « .... sumimasen. Yūbinkyoku o .... »

La passante lui répond qu'elle doit aller tout droit puis tourner à gauche au feu.

Passante : « Yūbinkyoku desu ne. .... ni .... kudasai.

Charlotte dit qu'elle a compris et remercie la passante. Puis elle demande si c'est loin et combien de temps cela prend à pied.

Charlotte « .... gozaimashita. .... desu ka?. .... dorekurai .... ka? »

La passante lui dit que ce n'est pas loin et que cela prend environ 5 minutes.

La passante « Tōkunai desu. Chikai desu. .... gurai .... »

Charlotte remercie une dernière fois la passante.

Charlotte « .... arigatō ....

SOLUTIONS

SOLUTIONS DES EXERCICES

SOLUTIONS DES PAGES 20 à 23

1. Pour dire *« bonjour » le matin :* Ohayō gozaimasu
2. Pour vous présenter : Votre nom + desu / Votre nom + to mōshimasu
3. O-name wa nan desu ka signifie : *Comment vous appelez-vous ? / Comment t'appelles-tu ?*
4. Pour demander son nom à quelqu'un, on dit : o-namae wa nan desu ka
5. zenzen : pas du tout
6. Pour présenter madame Nakamura : Kochira wa Nakamurasan desu. / Nakamurasan o shōkaishimasu.
7. « Excusez-moi » : sumimasen
8. Nihongo o sukoshi hanasemasu signifie « je parle un peu japonais » ❑ Vrai
9. Doitsugo o zenzen hanasemasen signifie « je ne parle pas du tout anglais ». ❑ Faux
10. Eigo o amari hanasemasen signifie « je ne parle pas beaucoup anglais ». ❑ Vrai
11. Barack Obamasan wa nihonjin desu. ❑ Faux
12. Kusama Yayoisan wa nihonjin desu. ❑ Vrai
13. Louis Garrelsan wa furansujin desu. ❑ Vrai
14. Pedro Almodovarsan wa itariajin desu. ❑ Faux
15. Tadao Andosan wa kenchikuka desu. ❑ Vrai
16. Madonnasan wa kashu desu. ❑ Vrai
17. Leonardo Di Capriosan shashinka desu. ❑ Faux
18. sūgaku les mathématiques / les maths • bungaku la littérature • rekishi l'histoire • tetsugaku la philosophie • hōritsu le droit • kenchiku l'architecture • igaku la médecine • keizaigaku l'économie • shakaigaku la sociologie • shinrigaku la psychologie
19. Norikosan wa Emisan no onēsan desu. Tokiosan no obāsan wa Mayukosan desu. Kenjisan no okāsan wa Mayukosan desu. Aratasan no musuko wa Tokio desu. Emisan no itōtosan no namae wa Tokio desu.

C'est à vous !

Nicolas : Hajimemashite! Nikora desu. Dōzo yoroshiku.
Takako : Hajimemashite ! Takako desu. Kochira koso dōzo yoroshiku
Chotto sumimasen. Nihongo o hanasemasu ka?
Nicolas : Hai, chotto nihongo o hanasemasu.
Takako : Aa, sō desu ka. Doko kara kimashita ka ?
Nicolas : Furansujin desu. Lyon kara kimashita. Injinia desu.

SOLUTIONS DES PAGES 38 à 41

1. Formule la plus polie : o-ikutsu desu ka?
2. - j'ai 30 ans : sanjūsai desu ; j'ai 25 ans : nijūgosai desu ; j'ai 20 ans : hatachi desu
3. seijinshiki : à 20 ans
4. 13+14 : nijūnana ; 100+150 : nihyaku gojū ; 18 000+2 000 : niman
5. Formule la plus polie : Kōhī o onegaishimasu.
6. Merci : arigatō
7. kirai desu -> amari suki dewa arimasen -> suki desu -> dai suki desu
8. En entrant chez des Japonais, on dit : O-jama shimasu.
9. 3e étage : yonkai
10. inu, neko, kingyo
11. sofā : ima ; mezamashi dokei : shinshitsu
12. kaidan
13. Dō itashimashite. (Je vous en prie.)
14. Le plus sympathique : Kenji
15. Hanako : 1m 68 ; Kumiko : 1m 72
16. Kyoko : 22 ans. 1m80. Cheveux courts.

C'est à vous !

Au café
Serveuse : Nanika nomitai desu ka.
Jeanne : Hai, ocha o kudasai.
Serveuse : Ocha o dōzo.
Jeanne : Arigatō gozaimashita.
Jeanne : Ocha ga dai suki desu/ Ocha ga totemo suki desu.
Jeanne : Kōhī mo dai suki desu.

SOLUTIONS DES PAGES 64 à 67

1. « Je ne comprends » pas se dit : Wakarimasen

2. On utilise suki pour dire que l'on aime quelque chose. ❑ Vrai

3. .... wa doko desu ka? : Où est ... ?

4. « combien ça coûte » : Ikura desu ka?

5. Massugu itte kudasai : allez ; Mō ichi do itte kudasai : dites

6. un ordinateur près de moi : kono pasokon

7. un stylo près de mon interlocuteur : sono enpitsu

8. « à droite » : migi ni

9. Pasuwādo wa arimasu. Sumiresan wa daidokoro ni imasu. Kanojo wa Pari ni imasu. Kōhī to o-cha wa arimasu ka?

10. Avant de commencer un repas, on dit : itadakimasu

11. e o kaku ; bokushingu

12. Narumi aime cuisiner. - Junko aime beaucoup écouter de la musique. - Mayumi aime nager. - Arata aime beaucoup lire.

C'est à vous !

Serveuse : – O-kimari desu ka?

Thomas : – Hai, miso shiru to yakitori ni shimasu.

Serveuse : – O-nomimono wa?

Thomas : – Ocha o kudasai.

Serveuse : – Dezāto wa ikaga desu ka ?

Thomas : – Goma aisukurīmu o hitotsu kudasai.

Serveuse : – Kashikomarimashita. Shōshō o machi kudasai.

SOLUTIONS DES PAGES 88 à 91

1. « aujourd'hui » : kyō
2. « demain » : ashita
3. « hier » : kinō
4. « c'est pour emporter » : Motte kaerimasu.
5. « gogo sanji » : 15 heures
6. le jour après « suiyōbi » : mokuyōbi
7. « novembre » : jūichigatsu
8. « cette année » : kotoshi
9. « il est 9 heures pile » : kuji chōdo desu
10. « il est 10 heures cinq » : jūji gofun desu
11. « il est 3 heures et demie » : sanji han desu
12. « ce n'est pas cher » : takakunai ou yasui
13. « le 2 mars » : sangatsu futsuka
14. « le 6 décembre » : jūnigatsu muika
15. « le 12 décembre » : jūnigatsu jūninichi
16. irasshaimase : le vendeur
17. Mite iru dake desu : le client
18. Chotto chīsai desu signifie c'est un peu grand ❑ Faux
19. Bleu → aoi / Rouge → akai / Blanc → shiroi / Noir → kuroi / Vert → midori / Pastèque → suika / Fraise → ichigo / Pomme → ringo / Ananas → painappuru /Pêche → momo
20. Ikimashō signifie « je voudrais aller » : ❑ Faux
21. Atarashī pasokon ga hoshī desu. signifie « je voudrais un nouveau téléphone portable » ❑ Faux

C'est à vous !

La vendeuse : « Nanika o-sagashi desu ka »

Emma : Hai, kuroi sukāto o sagashite imasu.

Emma : Kurejitto kādo wa tsukaemasu ka.

SOLUTIONS DES PAGES 110 à 113

1. Hidari ni magatte kudasai : tournez à gauche
2. « gare » : eki
3. Pour demander un plan de métro : Chikatetsu no chizu o itadakemasu ka?
4. Shinjuku made no kippu o sanmai kudasai. : « trois billets pour Shinjuku, s'il vous plait »
5. Nanji ni akimasu ka? : « À quelle heure ouvrez-vous ? »
6. Natsu : atsui
7. ame → pluie ; kaze → vent ; yuki → neige ; kumo → nuage
8. Kyō wa ī tenki desu ne. : « Aujourd'hui il fait beau. » ; Kaze o hikimashita : j'ai attrapé un rhume
9. Je cherche une/un yakkyoku ou kusuriya
10. Je cherche une/un ginkō ou yūbinkyoku ou ē tī emu
11. temple bouddhiste : o-tera
12. Aide pour aller au parc : Kōen e wa dō iku no desu ka? ou Kōen e ikitai desu ga.
13. Où est l'arrêt de bus : Basu tei wa doko desu ka? ou Basu tei wa doko ni arimasuka? ❑ Vrai
14. Mimi ga itai desu. : J'ai mal aux oreilles.
15. Yōshitsu : « chambre de style occidental » ❑ Vrai
16. « Combien coûte une nuit ? » : Ippaku wa ikura desu ka?
17. Vous devez partir avant les autres : Osaki ni shitsurei shimasu.
18. Après des compliments pour votre niveau en japonais : Īe īe heta desu
19. Bīru to wain dewa dochira ga suki desu ka?

C'est à vous !

Charlotte « Chotto sumimasen. Yūbinkyoku o sagashite imasu »

Passante : « Yūbinkyoku desu ne. Massugu Itte. Shingō o hidari ni magatte kudasai. »

Charlotte « Wakarimashita. Arigatō gozaimashita. Tōi desu ka? Aruite dorekurai kakarimasu ka ? »

La passante « Tōkunai desu. Chikai desu. Gofun gurai kakarimasu »

Charlotte « Dōmo arigatō gozaimashita. »

POUR ALLER PLUS LOIN !

Les syllabaires

Les hiragana

あ a	い i	う u	え e	お o
か ka	き ki	く ku	け ke	こ ko
さ sa	し shi	す su	せ se	そ so
た ta	ち chi	つ tsu	て te	と to
な na	に ni	ぬ nu	ね ne	の no
は ha	ひ hi	ふ hu	へ he	ほ ho
ま ma	み mi	む mu	め me	も mo
や ya		ゆ yu		よ yo
ら ra	り ri	る ru	れ re	ろ ro
わ wa				を (w)o
ん n				

Les katakana

ア a	イ i	ウ u	エ e	オ o
カ ka	キ ki	ク ku	ケ ke	コ ko
サ sa	シ shi	ス su	セ se	ソ so
タ ta	チ chi	ツ tsu	テ te	ト to
ナ na	ニ ni	ヌ nu	ネ ne	ノ no
ハ ha	ヒ hi	フ hu	ヘ he	ホ ho
マ ma	ミ mi	ム mu	メ me	モ mo
ヤ ya		ユ yu		ヨ yo
ラ ra	リ ri	ル ru	レ re	ロ ro
ワ wa				ヲ (w)o
ン n				

L'ÉCRITURE JAPONAISE

Dans cet ouvrage, nous avons principalement utilisé le rōmaji, c'est-à-dire l'alphabet latin, pour retranscrire les mots en japonais, car ce système permet de lire et de parler en japonais quel que soit votre niveau.

Cependant, vous avez certainement remarqué que nous avons fait figurer dans les listes de vocabulaire d'autres types d'écriture : **les hiragana, les katakana et les kanji.**

Si vous voulez poursuivre votre apprentissage du japonais, savoir reconnaître et écrire les deux syllabaires des hiragana et katakana et quelques kanji sera un passage obligé. De même, si vous avez l'intention de vous rendre au Japon, des connaissances minimales de l'écriture pourront aussi se révéler très utiles.

Les **hiragana** et **katakana** sont des syllabaires qui contiennent les mêmes syllabes mais dont les domaines d'utilisation sont différents.

Les **hiragana** (ひらがな) sont utilisés pour les éléments grammaticaux (terminaisons verbales, prépositions et particules casuelles comme le o de COD) et pour les mots typiquement japonais pour lesquels il n'existe pas de kanji. Leur tracé est assez souple.

Les **katakana** (カタカナ) sont utilisés pour transcrire les mots étrangers, les termes zoologiques et botaniques ainsi que pour créer un effet d'insistance. Leur tracé est assez anguleux.

Les **kanji** (漢字), tout comme les hiragana et katakana, proviennent du chinois. Il est difficile de déterminer combien il en existe dans la langue japonaise, mais les lycéens japonais doivent en connaître 2136 à la fin de leur cursus.
Quel que soit le nombre de traits que comporte leur tracé, les kanji doivent tous occuper le même espace, celui d'un carré virtuel, le même que celui occupé par les hiragana et katakana. L'ordre et le sens des traits doit être scrupuleusement respecté. Un même kanji peut se lire de plusieurs façons, qu'il soit utilisé seul ou pas. Ce système d'écriture peut sembler complexe mais compte tenu du fait qu'il n'y a pas d'espace entre les mots et qu'il y a beaucoup d'homophones en japonais, les kanji peuvent s'avérer une bénédiction pour le lecteur débutant !

頑張って!
がんばって!
Ganbatte!
Bon courage !

QUI SUIS-JE ?

1. Mon premier comprend quatre traits.

Il signifie **arbre.** .....

2. Mon deuxième est composé de deux fois mon premier.

Il signifie **bosquet.** .....

3. Mon troisième est composé de trois fois mon premier.

Il signifie **forêt.** .....

A	B	C
森	木	林

QUI SUIS-JE ?

1. Mon premier comprend trois traits.

Il signifie **grand.** .....

2. Mon deuxième s'obtient en ajoutant un trait entre les jambes de mon premier.

Il signifie **gros.** .....

3. Mon troisième ressemble à mon premier avec un trait en haut à droite.

Il signifie **chien.** .....

A	B	C
犬	太	大

ET COMME BOISSON ?

À partir des indices ci-dessous :

ビ = Bi	コ = Ko	ル = Ru
ヒ = Hi	ク = Ku	ス = Su
ジュ = Ju	ラ = Ra	ミ = Mi

et sachant que — sert à allonger la prononciation de la voyelle, décodez chacun des mots suivants et reliez-le à sa traduction en français :

ミルク .... •	• jus
ビール .... •	• lait
ジュース .... •	• Coca®
コーヒー .... •	• bière
コーラ .... •	• café

DÉCODER DES VÊTEMENTS

À partir des indices ci-dessous :

セ = Se	タ = Ta	ス = Su
ニ = Ni	デ = De	ズ = Zu
カ = Ka	ト = To	ジ = Ji
コ = Ko	ド = Do	ボ = Bo
パ = Pa	レ = Re	ン = N

et sachant que — sert à allonger la prononciation de la voyelle, décodez chacun des mots suivants et reliez-le à sa traduction en français :

スカート .... •	• jean
セーター .... •	• manteau
ズボン .... •	• robe
ジーンズ .... •	• jupe
コート .... •	• pull
ドレス .... •	• pantalon

SOLUTIONS

QUI SUIS-JE ?

1. Il signifie **arbre.** B

2. Il signifie **bosquet.** C

3. Il signifie **forêt.** A

QUI SUIS-JE ?

1. Il signifie **grand.** C

2. Il signifie **gros.** B

3. Il signifie **chien.** A

ET COMME BOISSON ?

ミルク	miruku	jus
ビール	bīru	lait
ジュース	jūsu	Coca®
コーヒー	kōhī	bière
コーラ	kōra	café

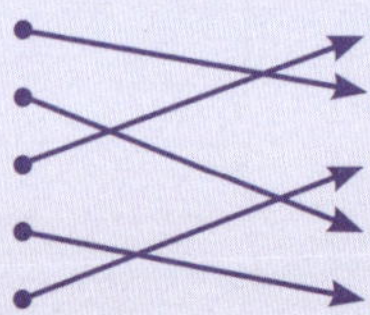

DÉCODER DES VÊTEMENTS

スカート	sukāto	jean
セーター	sētā	manteau
ズボン	zubon	robe
ジーンズ	jīnzu	jupe
コート	kōto	pull
ドレス	doresu	pantalon

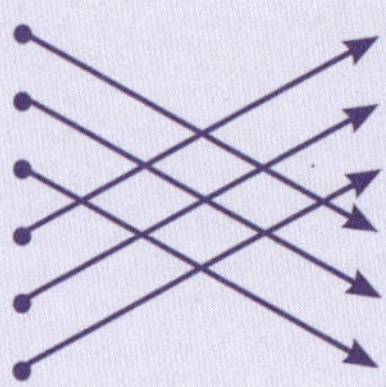

Crédits photographiques :
Adobe Stock.com – Shutterstock.com

PAPIER À BASE DE FIBRES CERTIFIÉES

HARRAP s'engage pour l'environnement en réduisant l'empreinte carbone de ses livres. Celle de cet exemplaire est de : 450 g éq. CO_2
Rendez-vous sur www.larousse-durable.fr

Imprimé en Espagne par MACROLIBROS S.L.
Dépôt légal : mars 2023 - 332796/01
N° de projet : 11051882 - mars 2023